U0565318

读懂投资　先知未来

舵手证券图书
www.duoshou108.com

大咖智慧
THE GREAT WISDOM IN TRADING

成长陪跑
THE PERMANENT SUPPORTS FROM US

复合增长
COMPOUND GROWTH IN WEALTH

一站式视频学习训练平台

www.duoshou108.com

大作手利弗莫尔

操盘心法

信心・勇气・等待

The Trading Mentality of Livermore

齐克用 / 著

山西出版传媒集团　山西人民出版社

图书在版编目（CIP）数据

大作手利弗莫尔操盘心法：信心　勇气　等待 / 齐
克用著 . -- 太原：山西人民出版社，2024. 12.
ISBN 978-7-203-13667-5

Ⅰ. F830.91

中国国家版本馆 CIP 数据核字第 2024U3P840 号

大作手利弗莫尔操盘心法：信心　勇气　等待

著　　者：齐克用
责任编辑：薄阳青
复　　审：崔人杰
终　　审：贺　权
装帧设计：卜翠红

出 版 者：山西出版传媒集团·山西人民出版社
地　　址：太原市建设南路 21 号
邮　　编：030012
发行营销：0351-4922220　4955996　4956039　4922127（传真）
天猫官网：https://sxrmcbs.tmall.com　电话：0351-4922159
E - m a i l：sxskcb@163.com　发行部
　　　　　　sxskcb@126.com　总编室
网　　址：www.sxskcb.com

经 销 者：山西出版传媒集团·山西人民出版社
承 印 厂：廊坊市祥丰印刷有限公司

开　　本：710mm×1000mm　1/16
印　　张：13.5
字　　数：138 千字
版　　次：2024 年 12 月　第 1 版
印　　次：2024 年 12 月　第 1 次印刷
书　　号：ISBN 978-7-203-13667-5
定　　价：68.00 元

如有印装质量问题请与本社联系调换

出版者序

▲▲▲

杰西·利弗莫尔说："如果有人使用我的方法，赚到超过我的财富，我一点都不惊讶。其他人在我的基础之上发展新思路，从而让我的思想更具价值。"

齐克用先生正是杰西·利弗莫尔投资思想和操盘策略的集大成者，投资教育的先锋。舵手作为专注证券图书的出版品牌，30年来，我们一直在寻找一位能够系统地讲透利弗莫尔操盘方法的人。

齐克用先生是美国休斯敦大学物理学硕士，他创作出版的利弗莫尔研究专著已有二十余册，被誉为"利弗莫尔的代言人"。他拥有完整的股票、债券、期货、期权、衍生金融品投资资历与30年以上的实战经验。除了在金融市场实盘操作，齐克用先生更致力于投资教育训练和操盘手训练，具有授课数千场的宝贵经验。很多交易员和基金经理反复研习齐克用先生研究的利弗莫尔投资经验，认为找到了稳健投资的"定海神针"。

在这本书中，齐克用先生将带领读者读懂利弗莫尔一生经典的操盘案例，重点讲解主流股的买卖时机和关键点选择技巧，让读者洞悉资金管理与情绪管理的关键，从深层次掌握利弗莫尔的操盘精髓与技术要领，书中每章都结合了当下 A 股的案例给予评析，确保原汁原味了解利弗莫尔，同时又做到通俗易懂，便于读者将所学运用于交易实战。

齐克用先生坚信，从利弗莫尔的经验和教训中，我们能获得宝贵的投资经验，学习到具体的操盘技术，进而建立起自己完整的交易系统，并可应用于股票、期货、外汇等不同的市场。将大作手利弗莫尔的操盘技术与现代金融工具结合使用，更能发挥奇效，提升盈利概率，大幅降低交易风险。这也是本书出版的初衷。

如今，齐克用先生的作品《股票大作手回忆录讲解》《股票大作手回忆录（舵手精译版）》《股票大作手操盘术（全译注解版）》《股票大作手操盘术（舵手精译版）》加上本书《利弗莫尔操盘心法：信心 勇气 等待》，均由舵手证券图书出版，我们引以为荣，这与我们的投资者教育、实战训练初心完全契合，期待发挥齐克用先生高水平研究与多年实战投资经验，为中国培养出一大批熟练运用利弗莫尔交易智慧的投资能手。

舵手图书专注于精品、原创投资类图书出版，在此基础之上，不断创新内容生产、优化平台建设，现已形成融图书、音视频课程、投资交流社群、配套应用软件为一体的综合投资学习平台，针对股票、期货、外汇、期权、基金等各类交易品种推出了有针对性、系统化、实用性强的课程，广大投资者可在舵手平台上与投资大师、交易专家面对面交流，帮助大家提升自我，找到稳定盈利之道。

中国资本市场不断地起落、成长，我们和广大投资者一样历经风雨、日臻成熟。国际国内的名家新人、经典新作，我们会陆续介绍给每一位股市参与者。我们一直期待与投资者同行，给每位投资者出版最有价值的图书，给大家创造一个深化学习和交流探索的新平台。我们希望把国内外每位股市名家和高手的探索心得更加细致和深入地发掘，从基础知识到专业投资理论和技术，如江恩、利弗莫尔、威科夫、道氏、波浪、量化等理论……更加全面地用现代和便捷的方式呈现给每位参与者。

在本书出版的同时，齐克用先生将以视频讲解、直播交流、线下研讨等方式，在舵手投资学习平台带领读者领略利弗莫尔神奇的交易经历，帮助大家学习到更有价值的交易技术。

请扫描封底二维码或联系官方客服，您将会发掘到意想不到的收获。

　　我一生都在犯错，虽然钱财受损，却买来了经验，积累了很多颇有价值的交易禁忌。我几次倾家荡产，但我的精神从不破产，否则我也就不会出现在这里了。我一直知道自己还有机会，我也不会两次犯同一个错误。我相信自己：只有既能驾驭股市又能等待机会的人才算了不起，这的确很难做到，但只要真正做到了，投机者才能赚大钱。

　　我告诉你们的秘密是：信心！勇气！等待！

——杰西·利弗莫尔

序 言

▲▲▲

　　市面上已经有那么多本关于杰西·利弗莫尔回忆录和操盘术的书籍了，为何还要再出版这本书呢？本书的特点就是整合《股票大作手回忆录》《股票大作手操盘术》两本书的精华，加上本人独到的见解分析，创新地将利弗莫尔动态操盘术运用到交易实战中，以帮助读者读懂利弗莫尔，读懂他的方法，真正地赚到钱。

　　《股票大作手回忆录》《股票大作手操盘术》这两本书，被誉为投资界的"圣经"，同时也是投资理财类书籍全球销量第一名，内容涵盖了分析股市消息、金融政策、操盘策略、技术分析与筹码分析。这两本书的中文译本在市面上已有三十几种版本，每年累计销量在全球销售排行榜总是位居前列。本人接受舵手图书邀请出版了《股票大作手回忆录讲解》《股票大作手操盘术（全译注解版）》两本书，并翻译了这两本公版原书，还制作了一系列的在线课程，力图将累积多年的利弗莫尔关键点投资技巧与操盘案例看不懂的地方，讲出来与广大投资者分享交流。

为何看完所有利弗莫尔的操盘相关书籍后，到了市场操盘总是赔钱？本人作为利弗莫尔动态操盘术创始人，从数万读者中了解到，他们从书本上学习的都是静态操盘术，这就有点像"刻舟求剑"，到了股市期市实战中，遇到的情况都是动态的，所学就不太灵验了。就以 K 线理论或是形态学来讲，书中的技巧与案例都是在走势图的中间，因此依照书中的道理来看，预测未来结果的案例都是正确的，因为走势图已经完成，以中间的位置看未来，只有 100% 的正确性。但是，当走势图越往右边移动时，未来就会越模糊，因为可能性有太多种，走到最右边的股价实时变动时，预测常常是错的。这时必须调整到动态操盘术，才有办法应对不停跳动的股价，调整实际操盘策略。书中的导读与第四章关键点操盘技巧会有更详细的动态操盘术说明。

利弗莫尔两本书中的案例，现行诸多出版的书籍只是照本宣科地放上，并未解释案例，更没有对案例蕴含的深层逻辑、操盘手法予以分析，所以只能看个表面，学不到真本领。本书中将案例以绘图的方式来诠释利弗莫尔的原意，以图例讲解和分析。每章以"操盘经典"开始，都是本人解读利弗莫尔相关操作案例的总结，辅以案例、图例来做说明，让读者看得懂、用得上。每章有三至四节主要内容，每节以模拟投资者提问，然后说明问题的由来与逻辑，最后以利弗莫尔实际案例操盘术提出相应解决方案。所以，本书最大的特点，不只是书中增加了图例、图表、A股案例，更是创新运用利弗莫尔动态实战操盘术以及本人三十多年交易市场丰富的实战经验，加以分析和解读，抽丝剥茧，力图还原利弗莫尔操盘术的价值。

本书整体结构简明清晰，总共只有六章，只挑重点内容讲；形式上以好读、易懂为目的，读来轻松、快乐，绝不枯燥；解读上以提问、分析、解答为逻辑顺序，最后辅以A股案例和说明，让读者真正用一本书读懂利弗莫尔，体验到操盘的至高境界。

期望本人的这本小书，带领您进入利弗莫尔的投资世界，学到正确的、能够用于实战的操盘要领。

动态操盘术创始人　齐克用

2024.10.1

利弗莫尔代言人：齐克用先生

目 录
Contents

　　投资者最大的敌人不是市场，不是别的其他技术，而是投资者自己。一个人必须相信自己才能在这行生存。我从不接受别人的点子或内幕消息。我的经验告诉我，没有任何人的点子或内幕消息能比我自己的判断带来更多的利润。

——杰西·利弗莫尔

写在前面

这本书整合了《股票大作手回忆录》与《股票大作手操盘术》这两本书的精华，加上作者独到的见解及独创的利弗莫尔动态实战操盘术。本书以图例讲解操盘心法，并加上 A 股案例来说明可用于实战的利弗莫尔动态操盘术，以利于有志专心学习利弗莫尔操盘术的投资者。

一、本书写作缘由

《股票大作手回忆录》与《股票大作手操盘术》这两本书是投资界的圣经，经过太多投资大师的点评，是每个投资者都必须看的两本书。作者在写作了十本利弗莫尔相关书籍之后，受舵手图书之邀，写下这本易学、易懂的利弗莫尔动态实战操盘术书籍。

为何那么多专家和大师都推荐利弗莫尔操盘术？因为他们都受

到上面所说那两本书的影响与指导，最后成为成功的投资家。为什么那么多人都看过这两本书，却只有极少数人能够靠操盘为生？原因是大家都把这两本书的内容看成静态操盘术，必须转化为动态操盘术，才能活学活用利弗莫尔操盘术赚到钱。作者长期研究利弗莫尔操盘术，并运用于实战操盘，进而创立了动态操盘术，这将于导读第三节中说明。

二、本书架构与阅读技巧

为何要先读导读？导读的作用是什么？希望读者在阅读本文之前，通过阅读导读，了解如何正确阅读本书，进而能先看清楚这本书的结构，以及作者想要表达的思维逻辑，以期达到易学易懂的目的。这里的导读是谈整本书的架构，而每章的导读是针对个别章节做导读说明。

本书总共分成六章，每章的结构都一样，分成四部分：导读、操盘经典、A股案例与操盘心法总结。其中"操盘经典"的部分，就是"解读利弗莫尔操作经典"，其主要内容是作者模拟投资者提问，然后说明问题的由来与逻辑，接着就是利弗莫尔操盘术的解决方案。举例如下：

◎ 操盘手要如何在场外缩手不动，并避开频繁交易的陷阱？

频繁交易，注定失败。缩手不动，伺机再行动，才能成功。频繁交易下，经常无法耐心等到确认的情况就进场，结果是赔钱收场。

一句格言：您可以赌赢一场赛马，但您不会每一场都赢。操纵市场买卖亦然。投资或投机股票，有时候会赚钱，但您不可能一年到头每天或每周都赚钱。只有有勇无谋的人，才会想这样做。

正如其他许多投机者一样，他有许多次都无法耐心等到确认的情况，因为他想要每时每刻都能盈利。您也许会问："凭您的经验，怎会允许自己这么做呢？"答案在于他也是人，也有人性的弱点。正如所有投机者一样，让自己的缺乏耐心战胜了良好的判断力。

◎ 解决方案

在证券和商品投机这个行业中，有些时候他们必须勇于投机，但某些时候则绝对不能投机。您我都有共同的弱点，想要每一局都赢，因此当然每一局都下去博手气。这种我们或多或少都拥有的脆弱人性，就是投资者或投机者的头号大敌。倘若不小心防范，终会让人落入陷阱。

三、作者创始的动态操盘术

多数人学习操盘时，学习到的技巧都学成了静态操盘术，但是股价却总是动态地变化个不停。学习到的技巧都是过去走势图上的静止状态，已经发生的情况，在走势图的中间，未来发生的可能性只有一种，就是 100% 准确。当操盘进行时，我们在股价持续变化的当下，未来的可能性却有很多种。因此必须把静态操盘术转化为动态操盘术，才能活学活用利弗莫尔操盘术赚到钱。以下是动态操盘术的案例。

　　想投机成功，我们必须做到对股票的走势心中有谱。投机无非就是预测即将到来的市场波动。为了正确地预测，我们必须有一个明确的预测基础。举例来说，当一条新闻公布后，您必须站在市场的角度，用自己的头脑独立思考它可能对行情造成的影响，并试着去预测这条消息对投资大众所引发的心理效应，尤其是那些与该消息有直接利害关系的人。如果您认为它可能对市场产生明确的看涨或看跌，此时千万不要草率地相信自己的看法，一定要等到市场本身的走势验证了您的想法，才能确定您的判断是对的。因为市场的反应可能不如您预期般的明显。千万不要过度期待或提前采取行动，"出手稍微慢一点"无疑是为自己的对错事先买了保险。这里描述的是动态的，而不是静态的，但是投资者都把它看成静态的说明。我们以静态操盘术的方式绘图如图 0-1。

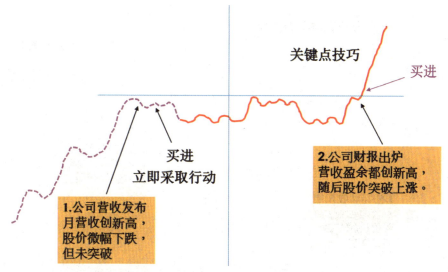

图 0-1　以静态操盘术的方式来描述利弗莫尔操盘术

　　若以动态操盘术的方式来解读，如图 0-2。当公司营收发布，月营收创新高，股价微幅下跌，但未突破，基本面利多不涨，这表示市场背后有主力在出货，所以在很多可能性中，高点开始回调的可能性较大。当公司财报出炉，营收盈余都创新高，随后股价突破上涨。这时显示出市场背后有主力在吃货，是买入点，这是关键点操盘术，第四章会仔细说明。图上有好几个地方都标示着，价格进行中时，每一个位置都有涨跌的很多可能性，这就是动态操盘术。

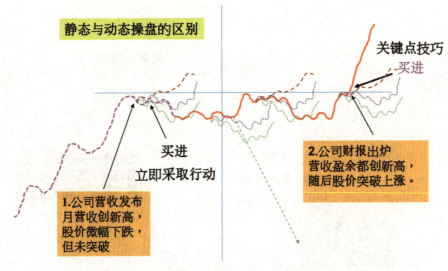

图 0-2　利弗莫尔的静态操盘术与动态操盘术的区别

— 第一章 —

传奇大作手的经典战役

▶导读

本章共四节：（一）导读；（二）操盘经典；（三）A 股案例；（四）操盘心法总结。"操盘经典"在第一节之前，描述网上流传的关于利弗莫尔的操盘术与人生的错误图片，除了纠正外，并绘图做正确的说明。

为何需要了解利弗莫尔的生平概述？因为从这里能够观察到学习投资从不会到精通的过程，有利于我们学习时由浅入深的体验。从空桶店到合法券商，从小资金的短线投机进化到大资金波段操作。了解他的人生历程，就等于透视投资学习的过程。他的人生历程，就是操盘生涯的学习过程。这些操盘人生历练在第一部分中详加说明。

现今流传着许多利弗莫尔的操盘心法，都摘要在第二部分中。这些简单到一句话的操盘心法，道尽了操盘手经常犯下的错误，尤其是顺着人性下单，凭着直觉和感觉下单，总是赔钱的常态逻辑。操盘手要避免再犯下同样的错误，应该撷取这些利弗莫尔的话语牢记在心。

热带贸易与赤道商业股票操作，是利弗莫尔经典交易战役的案例，图示说明在第三部分中。研读操盘手过去的操作案例，有助于学习操盘的重点。通过利弗莫尔经典交易战役，让我们缩短学习操盘的时间，并了解到成功操盘的逻辑。

▶ 操盘经典

有网络传言称利弗莫尔生涯的后半段交易受挫，导致其最后的毁灭与死亡。其中使用了错误的图表，误导投资者以为若以结果论，利弗莫尔操盘术最终失败，并导致他个人自杀身亡。作者自认为是

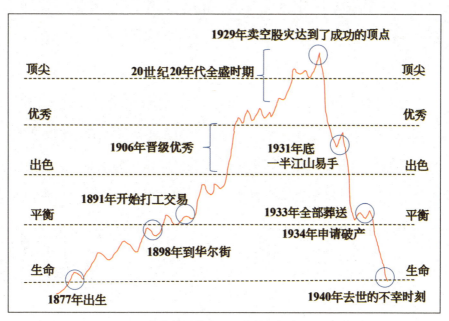

图1-1　网传的错误信息，利弗莫尔投资生涯轨迹图

利弗莫尔操盘术的追随者，有责任为他澄清并拨乱反正。

图 1-1，共有四个错误的地方：

（1）横坐标代表年代概述，纵坐标显示的是技巧的成长。顶点之后的右半段，操盘技巧直接跌到最初的一无所有，让世人以为他生涯的后半段导致其毁灭。

（2）图中的曲线，不是当时的股市走势图。

（3）曲线要表达的不是一生的资产净值走势图。因为一生中至少有六次赔光与两次破产。净值走势图上并未见到跌到零。最终去世时遗产仍有超过 500 万美元，因而曲线不是资产净值走势图。

（4）最后的 17 年里建立关键点系统，才是真正的操盘技巧到达成熟的阶段。

他本人的描述，在第一次破产之前，赔光了，负债累累，生病了，身体与心理都沮丧到了极限。通过这里的描述能够体会到他处在人生谷底，抑郁症开始了。他不断地说，打败他的就是自己的人性弱点。从他的遗书中明显可以看出，人性的问题与抑郁症导致了最终自杀。曲线的后半段直接下跌至最低，误导后人是技巧无用导致赔光，最后自杀身亡。正确的利弗莫尔投资生涯轨迹图如图 1-2：

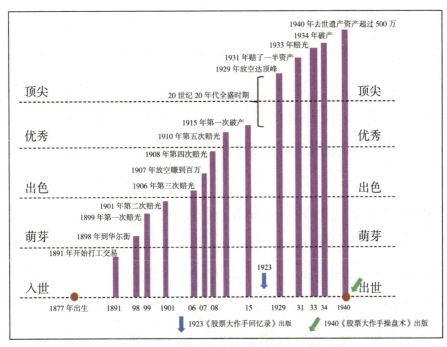

图 1-2 利弗莫尔生平概述及操盘技巧成长图

一、生平概述与崛起

杰西·利弗莫尔的崛起

1877 年 7 月 26 日，杰西·利弗莫尔出生于美国马萨诸塞州一个务农的家庭。他幼年居住的地方气候寒冷、土壤贫瘠，需非常辛苦地工作才能赚取微薄的收入。他的第一份工作，是用锄头去松动坚硬的土壤。这份粗重的工作，对他体弱多病的身体而言，是非常辛苦的。尽管他在学校的表现非常优秀，尤其在数学方面很好，但家中缺乏帮手，父亲要他辍学，跟着家人一起工作。他不愿留在家中，想要去外面发展。在与爱护、偏袒他的母亲商量之后，离开了家里。母亲在他离开之时，给了他5美元和一件大外套。1891年，利弗莫尔来到了波士顿，当时他年仅14岁。

利弗莫尔来到波士顿的第一份工作是当潘伟伯证券公司抄黑板的小弟，工作内容是将股票报价抄在黑板上。他有数学方面的天赋，对数字过目不忘且敏感度较高，于是他熟记各种股票数据之后，开始学习研判行情。从抄黑板工作开始，他习惯随身携带着一本笔记本，用铅笔记录着数以千笔的交易，并通过数字的变化，找到适当的交易时机，且运用自己发明的操作理论，从市场中赚到钱。他在空桶店赚到人生的第一桶金，3.12美元。没过多久，他从空桶店赚

图1-3　早期的抄黑板小弟工作内容是将股票报价抄在黑板上

到的钱，就远远超过在证券公司工作所赚的钱。于是他辞去了工作，打算专心操作。起初家人反对他辞去工作，然而家人看到他从行情中赚到的钱之后，就不再多说了。

操作生涯初期学会的技巧

利弗莫尔从第一份工作中学习研判行情，并且开始预测股票价格的变化。他唯一的依据，就是股价过去的表现。在他的脑子里有本"股价数字记录与注解表"，然后依据股价某些特定发展的形态，预测它们未来的变化。他持续在笔记本里记录股价的变化，就这样持续做了约半年。下班之后，他不是立刻回家，而是从记下的股票价格中，继续研究行情的变化。他一直在寻找重复或相似的形态，其实这就是在学习分析报价带上的数字，只不过当时他没有注意到自己已经开始学习分析、研判和预测未来了。

某只股票今天涨跌的原因，也许在未来几天、几个星期甚至几个月都不可能知道。但对操盘手而言，找到涨跌的原因并不是重点，报价带上的信息才是至关重要的。因为报价带上的信息关系着现在的操作，必须当机立断。至于要找出原因是可以等的，但必须立即采取行动，不然机会就会消失。例如：有一天空管公司股票下跌了 3 点，但同类型的其他股票却都大幅上涨。在接下来的星期一，新闻报道说，董事会通过了股利方案，比市场预期差，就是这个原因导致股价下跌。公司内部人早就知道股价会如何发展，虽然他们没有卖出持股，但他们也没有买进股票。既然内部人都不支持，股价自然就找到了下跌的理由。

利弗莫尔的操作哲学

当利弗莫尔的同事告诉他"百灵顿"这家铁路公司股票会涨时，他拿出了自己的小笔记本比对，符合他的研判，于是拿出 5 美元与同事合资到空桶店购买了 5 股"百灵顿"股票，这是他第一次操作股票，赚了 3.12 美元。

他操作成功的原因，可归纳成以下四点：

（1）虽然平常工作忙碌，但仍不忘思考、研判行情。

（2）他对价格变动产生了兴趣，且对数字有惊人的记忆力，价格在上涨或下跌的前一天是如何表现的，可以记得一清二楚。由于喜爱心算，因而记住数字及其变化自然驾轻就熟。

（3）许多人都在做交易记录，但他们的记录大多是纸上谈兵，只是想象地赚赔了几百万美元，既不会乐昏头，也不会穷到流落收容所。然而，利弗莫尔的记录和他们不一样，他所记录的是自己的预测是否正确。除了研判下一步的走势之外，最感兴趣的是证实自己的观察是否精确，也就是验证自己对未来的预测是否正确。他就是这样开始对报价带上的信息感兴趣的。

（4）在空桶店那种地方操作，交易者只对报价带上的股价波动下注，而他那一套方法确实让他在空桶店得心应手。

对利弗莫尔而言，报价带上的数字并不代表着股票价格，或是一股多少钱，它们只是数字而已。当然，这些数字总是在变化，而他认为这些数字以及其变化，肯定具有某种意义，这才是他真正感兴趣的地方。

根据利弗莫尔的观察，股票在上涨和下跌的过程中，通常会表现出一定的惯性行为，这样的例子不胜枚举，而这些过去的案例，就是他用来预测未来的依据。他还领悟到一件重要的事情，那就是华尔街没有新鲜事：股市今天发生的事，过去也曾经发生过，而且将来还会再度发生。他认为，股价波动总有原因，但是报价带不会有任何解释说明，它不会告诉你股价波动的原因，所以根本不需要去探究。

利弗莫尔对股市行情的研判，并不是直觉，而是下意识的思维，那可能是许多小事日积月累所产生的效果。这些小事分开来看微不足道，但累积起来却能使下意识产生出强大的力量。也就是说，他从犯错中得到了教训，而且不断地学习和改进，而日积月累的结果，使得他的下意识产生了效果，投机技巧也在这过程中精进了不少。

表 1-1　利弗莫尔生平概述

年代	年龄	大事记
1877 年	0 岁	1877 年 7 月 26 日出生于麻州，自小家境穷困，父亲务农。
1891 年	14 岁	离家时身上带着 5 美元，到证券商担任股价抄黑板小弟。
1892 年	15 岁	从事第一笔交易，获利 3.12 美元。
1897 年	20 岁	前往纽约买卖证交所股票，输光后回空桶店再赚回。
1900 年	23 岁	第一次结婚，住在长岛豪宅，雇用 14 位佣人。
1901 年	24 岁	美股大涨，财产暴增至 5 万美元，没多久就再次输光。
1907 年	30 岁	10 月 24 日股市崩盘，大赚 300 万美元，人称"股市最大棒槌"。
1908 年	31 岁	棉花大王建议买进棉花，负债 100 万美元，罹患抑郁症。
1915 年	38 岁	4 月 7 日伯利恒钢铁创新高，验证关键点技巧大赚。
1917 年	40 岁	负债 100 万美元，1917 年 4 月大赚后清偿债务。
1921 年	44 岁	运用时间管理、资金管理及情绪管理，底部进场。
1923 年	46 岁	新年前夕进入银行金库，检查每笔交易记录和笔记。
1924 年	47 岁	关键点技巧，裸麦赚 25 万美元，小麦赚 300 万美元。
1925 年	48 岁	3 月 18 日，棕榈滩饭店大火，抢救出妻子 24 只 LV 行李箱。
1926 年	49 岁	3 月 3 日，与妻子桃乐丝在自家豪宅举办化妆舞会。
1929 年	52 岁	大萧条时期，赚进 1 亿美元。美国一年税收 42 亿美元。
1930 年	53 岁	股票不会单独行动，独创协力车操盘术。
1932 年	55 岁	领悟时间因素，不做短只做长，六栏记录关键点技巧。
1933 年	56 岁	6 月 27 日，爱佛号豪宅被拍卖，资金出现严重问题。
1934 年	57 岁	3 月 5 日，第四次破产，罹患重度抑郁症，写书留给后人。
1935 年	58 岁	妻子醉酒争执，射杀了他们的大儿子。
1938 年	61 岁	所有股票都创新高，英国政府卖股，钢铁股例外。
1940 年	63 岁	新书卖得不好，11 月 28 日因抑郁症举枪自尽。

二、利弗莫尔操盘心法

根据基本形势，顺势操作

利弗莫尔喜欢单枪匹马独自操作，而且不管是观察还是思考，都必须亲力亲为。他对多空没有特别的偏好，也完全不受投机偏见的困扰，唯一的坚持就是不能犯错。他绝不与报价机上的报价争辩，如果市场走势不符合预期，或不合乎逻辑，就对市场发脾气或责怪市场，那就好比得了肺炎后，对肺发脾气和责怪肺有错是一样的。他操作的模式是根据事实，运用事件发生演变的逻辑而推演出来的基本形势，并据此行动。虽然有时反应会有点落后，但只要有耐心，基本形势最终总是值得信赖的。

掌握赚钱的机会

利弗莫尔说，根据他过去的交易经验，当股票第一次突破100、200 或 300 的整数关卡时，价格上涨是不会停止的，它还会继续上涨。因此它只要一突破整数关卡，就得买进，而你肯定能赚到钱。胆小的人，不喜欢在股价创新高时买进股票，但根据过去的经验，这是个赚钱的机会。

摆脱赌博心态，做大资金仓位操作

利弗莫尔知道，投机者必须研究和评估整体情况，如此才能预测未来的可能性。他发现，分析行情走势很重要，而在适当的时机进场也同等重要。因此，他不再急躁，也不会没有看清形势就贸然进场。简单地说，他不再盲目地下赌注，或专注于精通赚钱技巧，而是通过不断地努力研究与清楚地独立思考来赢得胜利。他最大的收获并不是看得到的钱，而是看不到的事实。也就是说，他学会了必须怎么做，才能赚到大钱。他彻底摆脱了赌博的心态，终于学会了如何聪明地做大资金仓位的操作。

价格总是沿着最小阻力线运行

价格会沿着最小阻力的方向进行，这也是利弗莫尔交易系统的精华。他在做交易决策前也做基本面分析、资金面分析、价格行为分析，甚至投资心理分析，但所有的研究和分析最终都是为了确认价格阻力最小的路线。价格会沿着最小阻力的方向进行，也就是说，它们会朝最容易的方向进行。如果上涨的阻力比下跌的阻力小，那么价格就会往上涨，反之亦然。在实际的操作中，你会发现，股市收盘后到隔天开盘前这段时间的任何重大消息，往往与最小阻力线的方向一致。趋势在消息公布之前就已经确立，而且在多头市场中，人们会忽略利空消息，利多消息总是被加强，反之亦然。

在确定最小阻力线之后，就准备沿着这条线顺势操作。这听起来似乎很容易，但在实际操作中，交易者必须提防许多阻挠你正确操作的事情发生，而其中最大的问题来自你自己，也就是说，你必须提防人性的弱点。这就是利弗莫尔所说的，做对的人经常有两股力量在帮助他——基本行情和做错的人。

永远不要与行情争辩

在窄幅波动的市场，当价格走势没有明确的方向时，试图预测下一个大波动是往上或往下，是毫无意义的。你应该做的是观察市场，研读报价带，确定价格波动区间有多大，并下定决心：除非价格突破这一区间的上限或下限，否则就按兵不动。投机者必须思考如何从市场中赚钱，而不是固执地要报价带与他的看法一致。永远不要与行情争辩，也永远别问原因或解释。在股市里赔钱后再做事后的调查分析，无法改变赔钱的事实。

克服人性的弱点

人性的弱点是投机者成功的致命伤。投机者最主要的敌人往往出自自己的内心，人性跟希望与恐惧是分不开的。在投机过程中，当市场不利于你时，你总是希望这是最后一天；当市场照着你的方向走时，你会害怕隔天利润飞了，结果是太早出场。恐惧让你无法得到本来应该获得的利润。成功的交易者必须克服这两个根深蒂固的本性，你可以把它们称作天生的冲动，而且必须懂得把它们反过来运用。也就是说，当别人满怀希望时，你必须心生恐惧；当别人满怀恐惧时，你必须拥抱希望。你必须担心亏损会越滚越大，并希望利润能巨幅成长。像一般人那样在股票市场中赌博，绝对是错误的。

利弗莫尔从14岁就开始了他的投机生涯，经过近30年的交易，曾经穷困潦倒过，也曾不可一世，他最终得到的结论是：你可以一时击败一只股票，甚至是整个板块，但没有人能够击败股市！

把眼光放远，为下一步布局

一个人专注于某样东西多年后，就免不了会产生一些有别于一般新手的习性，这也就是专业人士和业余玩家的差别。投机者看待事情的方式，决定了他在投机市场中是赚钱还是亏钱。一般大众对自己的操作抱着玩票的态度，他们经常拥有过度的自尊心，或太过于自信，因而思考往往不够深入彻底，而专业人士关注于做对的事胜过赚钱，因为他们知道，如果做好每一件事，利润自然会产生。交易者的操作应该像职业台球选手那样，也就是说，他应该眼光放远，而不是只考虑眼前的这一杆。为下一步布局才是王道，而且必须把这点变成自己的本能。

当机立断，处理大资金仓位

大仓位交易有一个大问题，就是你没有办法像资金量很少时一样地操作，悄悄地卖出你的仓位。你无法在想卖出或认为应该卖出时出场，你必须在你能卖出时，也就是找到能吃下你所有仓位的时机时才能出场。如果找不到这样的机会，你很有可能会损失几百万美元。你不能犹豫不决，要是不能当机立断，你就输定了。

永远依据自己的判断操作

利弗莫尔从过去的经验中学习到，投机者有许多容易出现的弱点。他认为，作为一个投机者，任由自己受到外界事物的影响，把自己的判断抛在脑后，这是不应该且更是不明智的行为。知恩图报是高尚的品德，但不应该用在股市上，因为报价带是不讲义气的，更不会奖赏忠诚行为。他明白当时自己不可能自行决定一切，但不能只因为想在股市交易，就改变自己的信念。生意之道就是投机归投机，作为投机者，经营之道就是永远只能依据自己的判断来操作。

不要奢望卖在最高点，也不要尝试在高档做空

永远不要奢望卖在最高点，也绝对不要尝试在高档做空，这样是不聪明的，要在回调之后，没有反弹的时候做空。

掌握空头仓位回补时机

在空头市场中，如果市场突然发生非预期的大事时，回补空头仓位绝对是明智之举。如果你的仓位相当大，那么这就是你把账面利润快速转变为现金而不缩水的唯一办法。

不要听信小道消息

听信小道消息来操作，是极为愚蠢的行为。利弗莫尔认为，那

些追求小道消息的人就像酒鬼一样，他们无法抗拒诱惑，总是希望能痛饮一番，而竖起耳朵来听小道消息是一件再容易不过的事。听信别人的意见操作，永远不会比自己研判来得快乐。就追求小道消息而盈利的这件事来看，与其说是被贪婪给蒙蔽了，倒不如说是被"想不劳而获的行为"给困住了。

不要买进拒绝跟随同板块上涨的股票

利弗莫尔发现，在投机的游戏中，经验是稳定盈利的来源，而观察是让你发现投机标的的最佳线索。无论何时，股票的行为就是你唯一需要注意的事情，你必须观察它，而经验会告诉你如何从偏离常态的走势中盈利，也就是一般所说的，靠概率赚钱。我们都知道，不是所有的股票都会齐涨齐跌，但在多头市场，同板块股票都会上涨，在空头市场，则都会下跌，这是投机游戏的通则，也是我们最常发现投机标的的方法。但是，如果在多头市场中有一只股票没有表现出它在那种趋势里应有的表现时，绝不要买它，因为与同板块的趋势作对，是很不明智的做法。我们不能只考虑一些确定的因素，我们必须依赖概率去推测各种的可能性。经验告诉我们，不要买进拒绝追随同板块上涨的股票。

必须对自己有信心

要保持不畏惧和不动如山，并不困难。投机者必须对自己有信心，同时要相信自己的判断。已故的纽约棉花交易所前主席狄克逊·华德曾说："投机者的勇气，表现在他根据自己的决定采取行动，并对自己的决定有信心。"华德认为，投机者必须具备五项至关重要的特质，包括：独立性、判断力、勇气、谨慎、灵活度或修正自己看法的能力。至于勇气，就是大胆、不畏缩、勇往直前。

缩手不动

利弗莫尔在华尔街闯荡多年，赚赔几百万美元之后，终于领悟到，他之所以能赚到大钱，关键不在于看对了股市行情，而是缩手不动，就是缩手不动！看对市场行情，没有什么了不起。在多头市场可以找到很多人一开始就做多，在空头市场也会找到很多人一开始就做空，他们在正确的时点，看得十分精准，几乎是一点不差，但他们总是没赚过什么大钱。能看对行情，又能缩手不动的人，难得一见，他发现这也是最难学的功夫。不过，要是股票操盘手能牢牢地记住这点，就能赚到大钱。投机者懂得如何操作之后，要赚几百万美元，确实比那些不懂得操作的人赚几百美元来得更容易。也就是说，懂的人要赚大钱，比不懂的人赚小钱，还来得容易。

无法"缩手不动"的原因是，一个人能针对行情看得清楚且明确，但当市场没有如他的预期般发展时，便失去了耐心或者感到怀疑。这就是很多华尔街根本不是傻瓜级的人，最后却都亏损的原因。市场并没有打败他们，而是他们自己打败了自己。他们看对了行情，却无法坚持缩手不动，自己被自己打败了。

三、交易的经典战役

度假等待做空时机

在华尔街上，历史总是一再重演。这次利弗莫尔操作的股票叫热带贸易公司，他在做多和做空这只股票上都赚到了钱。这是一只交易活跃的股票，也是喜欢冒险的交易者的最爱。报纸三番两次地指责热带贸易公司内部人只关心股价的波动，而不是鼓励投资者长期持有。有一天，利弗莫尔认识的营业员对他说，热带贸易公司总裁穆立根和他那帮朋友炒作热带贸易的手法简直是出神入化，即使是丹尼尔·德鲁炒作伊利铁路或哈维梅尔炒作美国糖业，都没有办法做到像穆立根那样使出养套杀完美绝技。他们几次引诱空头做空热带贸易，然后再按部就班地进行轧空，把空头赶尽杀绝。他们下手绝不留情，也毫不掩饰。当然，市场上常有人提起热带贸易交易过程中的"丑陋事件"，不过这些批评者正是遭受被轧空之苦的那批人。为什么那些饱受内部人压榨的场内交易员会乐此不疲地继续在这场投机游戏中玩下去呢？其中一个原因是，他们喜欢立即行动并频繁地操作，而热带贸易肯定能让他们享受到持续行动并频繁交易的乐趣。这只股票从来没有价格不动的沉闷期。你不必问会持续波动的原因，也没有人会告诉你。总之，你不会浪费时间等待买卖，你也不必为了等候传说中的走势启动而磨光耐性。市场上总是有足够的筹码可供应，除非是空头的仓位太大，吓到了一时找不到的买盘。这只股票每一分钟都有人在交易。

在那件事发生之前，利弗莫尔像往常一样，冬天到佛罗里达州度假避寒。他尽情地享受钓鱼，完全抛开市场行情，除非刚好有一批报纸送到。有一天早上，半个星期一次的邮件送来，他翻开报纸看看股票报价，发现热带贸易的价格为155美元，而上次看到的价格是140美元。根据他的看法，市场即将进入空头，他也正在等待做空时机的到来，但是不必操之过急。这就是他会跑去钓鱼，远离报价机声音的原因。

根据那天早上他看到的报纸报道，热带贸易的走势成为市场上的热门话题。这使得他看空后市的感觉更加强烈了，因为他认为，热带贸易内部人在整体市场普遍不佳的情况下，试图拉抬股价，实在是愚不可及。有时炒作行为非得暂时缩手不可，因为股价的异常走势，并不是交易者喜欢推估算计的因素，而且此时拉抬这只股票，更是大错特错的行为。没有人能犯那么大的错却不会遭殃的，至少在股票市场上是如此。

看完报纸之后，利弗莫尔又回去钓鱼，但是脑子里一直想着热带贸易的内部人到底想要做什么。他们的行动势必失败，就像一个人从二十层楼高的地方，不张开降落伞跳下去，注定摔得血肉模糊。除了这种下场，他实在想不出还会有什么结局，于是收起了钓竿，拍了一封电报给他的经纪人，以市价做空了 2000 股的热带贸易。完成这件事之后，利弗莫尔终于能够安下心来好好地钓鱼了。

那天下午，一位急件信差送来电报回音，他的经纪人回报说，他们已经用 153 美元的价格，卖出 2000 股的热带贸易。到目前为止，一切都还算顺利，因为在跌势市场中做空，本来就该这么做，但他再也没办法专心钓鱼了。当他开始思考，为什么热带贸易应该随市场其他股票一起下跌，而不是在内部人的操纵下上涨的各种理由后，觉得自己离报价板太过遥远了。人在钓鱼小屋，心思却在市场，这样一点用处也没有。于是他决定离开钓鱼小屋，回到棕榈滩，或者更确切地说，回到有电报直通纽约的地方。

加码做空

回到了棕榈滩，看到那些不知死活的内部人还在持续拉升股价，利弗莫尔二话不说，再做空第二笔 2000 股热带贸易。收到成交回报后，他又追加做空了 2000 股。热带贸易的价格走势实在是好极了，也就是说，因为利弗莫尔的卖单而下跌。这一切都令人满意，于是他离开了营业厅，到外面开车兜风，然而他的心情并没有因此感到舒坦。他越想越不开心，觉得自己应该做空更多才是，于是又折回营业厅，然后再做空 2000 股。

利弗莫尔只有在做空热带贸易时才会感到快乐。此时他已经做空了 1 万股。接着，他决定返回纽约，因为现在有生意要做了，钓鱼是可以改天再来的。

到了纽约之后，利弗莫尔刻意去了解热带贸易公司的经营情况，研究其现况和未来的展望。研究的结果让他更加确信，内部人拉抬股价的举动不只是轻率而已，因为不管从整体市场行情或公司盈余来说，都没有办法支撑热带贸易如此的涨势。

虽然热带贸易的价格涨势不合乎逻辑，时间点也不对，但它已经吸引了不少人跟进，这种情形无疑鼓励内部人继续采用这种不明智的策略，因此利弗莫尔又做空了更多的股票。内部人数次停止他们的愚蠢行为，所以他必须根据自己的操作方法，再三测试市场，直到最后做空了 3 万股热带贸易的股票，这时价格已经跌到了 133 美元。

有人警告利弗莫尔，说热带贸易的内部人知道每一只股票的持有人，他们也精确掌握做空者的身份和仓位规模大小，以及一些战术上重要的事实资料。他们既能干，又精明，有这样的组合，和他们作对是很危险的，但是事实就是事实，而在所有的盟友中，最坚强的当属眼前的行情。

当然，价格从 153 美元跌到 133 美元的过程中，空头未平仓仓位一路增加，而在回调时买进的投资大众，开始像以前那样推论：这只股票在 153 美元以上的价位时，被视为是很好的买进标的，现在跌掉了 20 点，必然远比从前更适合买进。同样的股票、同样的股息、同样的管理层、同样的业务，真的是难得的便宜货！

相信自己的判断，不动如山

投资大众的买盘使得流通在外的筹码减少了，而内部人士知道，许多场内交易员都在做空，这正是轧空的好时机。热带贸易的价格很快就涨到了 150 美元。根据利弗莫尔判断，市场上肯定有很多空单在回补，但他不为所动。为什么他不回补呢？也许内部人知道，市场上还有 3 万股的空头仓位还没有回补，但他又有什么好害怕的呢？当初在 153 美元开始做空，并一路做空到 133 美元的理由，不仅依然存在，而且比以往更加强烈。内部人试图逼利弗莫尔回补，但他们又提不出具有说服力的理由，而且基本行情有利于利弗莫尔，要保持不畏惧和不动如山并不困难。投机者必须对自己有信心，同时要相信自己的判断。

股价从 133 美元到 150 美元的反弹走势中，并没有什么异常的地方，也没能让他感到恐惧而必须回补空头仓位，更何况这只股票现在又一如预期地再次下跌。在跌破 140 美元时，内部人开始进场护盘，他们一边买进，一边放出大量的利多消息配合拉抬。听说该公司的盈余出奇地好，而盈余那么好，定期发放的股利当然也会提高。除此之外，未平仓的空头仓位余额据说十分庞大，世纪大轧空行情即将展开，空头将尸横遍野，若干过度做空的作手更是大祸临头。与此同时，股价在转眼间又上涨了 10 点。

这种操纵股价的行为，利弗莫尔并不觉得特别危险，但是当价格升抵 149 美元时，他觉得让华尔街信以为真的利多传闻继续流传，不见得是件好事。他或是其他任何外部人，当然都没有那个分量，能够说出什么话来说服那些吓坏的空头，或在经纪公司听信小道消息、容易受骗上当的顾客。最有效的法宝就是行情纸带上印出来的数字。人们会相信那些白纸黑字，不会相信别人信誓旦旦说的话，更别提做空 3 万股股票的家伙所说的话。因此，利弗莫尔使出了当初对抗芝加哥投机者史翠顿轧玉米空头时的战术，也就是利弗莫尔卖出燕麦，从而引发交易大众做空玉米的手法，搬到这里再用一次。由此，经验和记忆又帮他打了一次胜仗。

为抑制热带贸易上涨，做空赤道商业

当内部人为了吓退空头而拉抬热带贸易的价格时，利弗莫尔并没有试着再做空这只股票来抑制它的涨势。他已经做空了 3 万股，占流通在外筹码中很大的比例，在这种情形下，再加码做空，就不是明智之举了。利弗莫尔可不想一头栽进他们精心设计的圈套，其实第二波上涨正是他们一种急切的邀请。当热带贸易的价格涨到 149 美元时，利弗莫尔的做法就是做空 1 万股赤道商业公司的股票，而这家公司大量持有热带贸易的股票。

赤道商业这只股票不像热带贸易那样交易活跃，利弗莫尔一卖出，它就如预料般的应声大跌，而利弗莫尔的目的自然就达到了。当交易者及经纪公司里只听信热带贸易利多传闻而做多的顾客，看到热带贸易上涨的同时，赤道商业却出现沉重的卖压和大跌，自然而然就会认为，热带贸易的上涨只是掩人耳目的障眼法，目的显然是便于内部人卖出赤道商业的持股。他们认为，赤道商业是热带贸

易最大的股东，赤道商业之所以会大跌，一定是内部人所为，否则不会有任何一位外部人敢在热带贸易那么强势时，做空那么多的股票。因此，聪明的交易人见到赤道商业大量"内部人"的卖盘时，当然立即卖出热带贸易的股票。此时，热带贸易的涨势果然被抑制住了，而内部人当然不敢吃下来自投资大众蜂拥而出的股票。当内部人的支撑力度一减弱，热带贸易的价格自然立马下跌。此外，交易者和主要的经纪公司现在都在卖出赤道商业的股票，利弗莫尔趁机回补了空头仓位，赚了一点小钱。这笔做空操作策略，目的不在盈利，而是抑制热带贸易的涨势。

热带贸易的内部人以及为他们辛勤工作的公关人员，一再抛出各种不同的利多消息，试图再拉抬股价。每当他们这么做时，利弗莫尔就做空赤道商业，并且在赤道商业回调并拉下热带贸易股价的同时，再回补赤道商业的做空仓位。等到热带贸易回调并把赤道商业往下拉时，再回补赤道商业的做空仓位。就这样，利弗莫尔消耗了操纵者的实力，让他们无法得逞。热带贸易的价格最后跌到了125 美元，空头未平仓仓位余额也上升到很高的水平，使得内部人能够轻易地把价格拉升 20 至 25 点。这一次的反弹，是因为空头的仓位过于庞大，导致了有效多杀空的轧空行动。虽然预见会有反弹行情，但他并没有回补，因为他不想失去空头仓位。在赤道商业追随热带贸易同步上涨之前，利弗莫尔又大举做空了赤道商业，结果还是一样，这揭穿了热带贸易近来大涨的利多消息全都是谎言。这只股票在最近的惊人涨势之后，多头气势又开始嚣张起来。

缩手不动，坚持抱紧仓位

这个时候，大盘变得相当疲弱，利弗莫尔认为，整体行情已经进入空头，因此在佛罗里达州的钓鱼小屋开始做空热带贸易的股票，他还做空了相当多的其他股票，但热带贸易是他的最爱。最后，内部人知道再也无法抵抗整体行情，于是热带贸易一泻千里，它跌到120美元之下，是多年来首见，接着跌破110美元，然后又跌破了面值，不过至此他依然没有回补。有一天，整个市场极其疲弱，热带贸易跌破了90美元。在一片凄风苦雨中，利弗莫尔回补了做空的股票。这么做是基于相同的理由，因为眼前有个回补的大好机会。换句话说，就是有一个很大的市场，盘势疲弱，而且卖盘远多于买盘。利弗莫尔在这波下跌趋势中的最低点，回补了3万股热带贸易的空头仓位。他从来没想过要在底部回补做空仓位，而是在寻找把账面利润转变成现金的时机，同时又能避开转换过程中可能产生的利润缩水。

利弗莫尔之所以能在跌势中纹丝不动，是因为他知道自己的仓位经得起考验。他没有违背市场趋势或与基本行情作对，而是顺势而为，这也正是他十分肯定过于自信的内部人圈子必将溃败的原因。他们想进行操纵，别人早就尝试过，而且总是以失败收场。对于那些经常出现的反弹，所有的人都知道，这是不可避免的，所以不可能把利弗莫尔吓跑。他只要缩手不动，坚持抱紧仓位，而不是先回补，然后在更高的价位建立新的空头仓位，最后的结果必然能赚到更大的利润。利弗莫尔就是坚持抱住正确的原始仓位，让他赚进了100多万美元。这次的盈利跟预感、熟练的行情研判技巧，或是坚定不屈的勇气，一点关系都没有，而是对自己的判断具有信心。知识就是力量，有了力量，就不需要害怕谎言。即使这个谎言印在报价纸带上，也不必害怕，因为价格很快就会回到它应走的轨道上。

回补空头仓位，反手做多

一年后，热带贸易再度被推升到150美元，而且在这个价位徘徊了好几个星期。这时大盘到了应该回调的时候了，因为它已经马不停蹄涨了一大段，多头后继乏力。利弗莫尔之所以知道这一点，是因为他测试过市场。热带贸易所属的集团及其同板块，碰到了业绩不理想的情况，他看不出有做多这些股票的任何理由，于是开始做空热带贸易，打算做空1万股。他一卖出，价格应声下跌，根本看不到有任何支撑力道。接着，突然间买盘的性质变了。

利弗莫尔可以拍胸脯保证，只要股价一有支撑的买盘出现，他马上知道。这么说，不是要炫耀自己有多行，而是在这个时候想到，如果内部人从来不觉得自己负有道义上的责任必须维持股价，那么他们在整体市场下跌中买进这只股票，一定有他们的理由。他们不是没脑筋的笨蛋，也不是慈善家，更不是为了维持股价以便能销售出更多股票的银行家。热带贸易的价格，并没有因为利弗莫尔和其他人的卖出而下跌，它反而是上涨的。于是他在153美元的价位，回补了1万股的空头仓位，然后在156美元的价位开始反手做多，建立多头仓位。因为这个时候报价带告诉他，最小阻力线已经转变成向上了。虽然他仍看空后市，但现在面对的是一支实际情况完全与众不同的股票，自然不能以一般的投机理论来判断。热带贸易一飞冲天，股价突破了200美元，它是那一年表现非常优异的热门股。广播和报纸报道说他惨遭轧空，亏损了800万到900万美元。事实上，他不但没有做空，反而在热带贸易的上涨途中一路做多。除此之外，他因持有仓位稍微久了一点，以致于有些账面利润流失了。你想知道为什么会这样吗？因为利弗莫尔设身处地替热带贸易内部人思考了一下，他们应该怎么做，但这种事根本没必要去思考，因为他该做的事是操作，而不是胡乱地猜测别人应该怎么做。

利弗莫尔的热带贸易经典交易战役，图解如下：

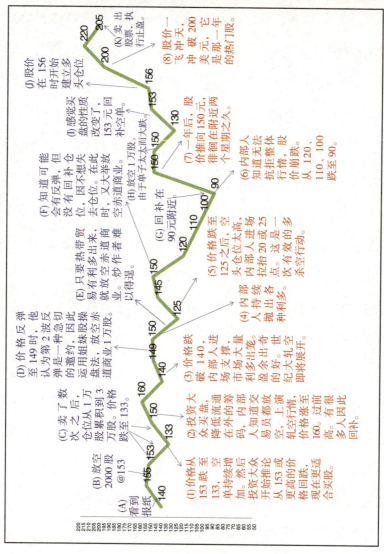

图1-4 利弗莫尔的"热带贸易"经典交易战役走势

利弗莫尔热带贸易操作背后的逻辑说明：

（A）打开报纸，看到热带贸易的价格是 155 美元，上次看到是 140 美元左右。根据我的看法，就要进入空头市场。但那一天早上，我看到报上的报道，它的走势成了市场的热门话题。这使得我看淡大盘的感觉更加强烈。大盘笼罩低气压，内部人试图拉抬行情，显得特别愚蠢。炒作有时非得暂时缩手不可。

（B）市价放空 2000 股，回报，空在 153 美元。放空理由：我是在跌势中放空。内部人正在做傻事。

（C）驱使我从 153 开始放空，而且一路放空至 133 美元的理由持续存在，内部人想逼我回补，却提不出理由。投机客对自己的看法与判断必须怀有信心。只有在下跌趋势或上涨趋势，才能确定我在市场仓位的对错。价格从 133 到 150 的反弹，并没有什么异常，不能把我吓得要赶快回补。

（D）当价格反弹至 149 时，华尔街四处飞舞多头传言，我或者任何外部人都没有那个分量可以说出什么话，说服那些空头或者容易上当的顾客。最有效的法宝就是行情纸带印出来的数字。人们只相信白纸黑字，不会相信别人信誓旦旦说的话，更别提放空 3 万股的家伙所说的话。因此我卖出持股热带贸易最多的股票——赤道商业。我放空热带贸易股数已达在外筹码 1%，我未再放空它。

（E）他和内部人对作，只要内部人放利多，他就放空赤道商业，使得热带贸易变成利多不涨反跌。

（F）在有新低的情况下，内部人又上演轧空行情，把股价推升20或25点。这是一次有效的多杀空行情。而他没有回补，因为不想失去仓位，所以，他在赤道商业追随热带贸易时，他大举放空。

（G）在市场一片凄风苦雨中，看到一个回补的大好机会。回补放空在90美元。我不是要在底部回补。大赚100多万元。

（H）当热带贸易被推向150时，大盘到了该回档的位置，因此进场放空1万股。市场因我的单子造成大跌。

（I）下了1万股之后，看不到支撑力道，但突然买盘的性质改变了，因此回补放空仓位。认为内部人在大盘即将下跌时，买进股价，绝对有理由。

（J）涨到156时，过一年前放空的位置附近，反手做多，因最低阻力线向上。看淡后市，却看好一只股票，这时整体的投机理论只好抛诸脑后。

（K）我抱了稍微久一点，有些账面利润离我而去。为何会这样？因为我去思考内部人应该怎么做，但事实上我根本没必要去思考。我的职责是交易，是根据眼前的事实操作，而不是去胡乱地猜别人应该怎样做。

▶A 股案例

A 股案例说明两则利弗莫尔操盘心法
不要认为股价太高而不能买进，也不要认为股价太低而不能卖出

　　投资者似乎不太理解股票交易的基本原理。利弗莫尔常说，在上涨趋势中买进股票是最安全的，其重点不在于能否买到最低点，或是做空在最高点，而是能否在恰当的时机买进或卖出。他做空股票时，每次加码做空的价格一定要比前一次低，而做多时则正好相反。他一定在上涨时买进股票，绝对不在下跌时买进。请记住，不要认为股价太高而不能买进，也不要认为股价太低而不能卖出。而且，在第一笔交易之后，除非真的有盈利，否则别再做第二笔交易。

上涨时高价买进，做空时低价卖出

　　许多有经验的交易员听到利弗莫尔说，他在股票上涨时以当时的最高价买进，做空时则以最低价卖出，这种做法让他们难以置信。利弗莫尔认为，如果交易者始终坚持自己的投机原则，那么赚钱绝非难事。换句话说，就是等待最小阻力线确立，然后在报价带显示出应该买进时才买进，或报价带显示应该卖出时才卖出。例如，在上涨的行情中，你应该在一开始先买进五分之一的仓位，并且一路加码。如果第一笔交易没有赚钱，你就不能加码买进，因为你从一开始就明显错了；此时此刻你是错了，因为无论在什么时候只要没有赚钱，就是错了。运用利弗莫尔的方法建立仓位，以及加码操作，不但能持续保持仓位赚钱，并且一定能赚到大钱。

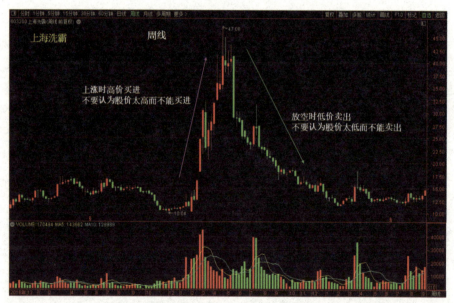

图1-6　上海洗霸上涨趋势与下跌趋势的利弗莫尔操盘心法

▶ 操盘心法总结

本章从一个务农的穷家庭小孩起始，开启了一位传奇人物的作手生涯。作手在当时的用语就是有能力控盘的操盘手，通常这个人手中拥有大量股票和现金。在《股票大作手回忆录》最后的六章使用的"操纵者"名词，跟作手是一样的。用现在的语词就是主力。所以，作手＝操纵者＝主力，有能力控盘的一个人，或一群人。例如：贵州茅台的主力就是机构投资者。

当我们看利弗莫尔生平的时候，我们不是在看他的历史，也不是在看他的人生故事，而是在通过他的生平纪事，让我们了解到学习操盘的过程中，循序渐进，要从哪里开始学习，然后学习过程中在哪里转换到下一个阶段。

为何利弗莫尔的操盘心法能够源远流长？主要的原因是简单的一句话，道出了大家的错误，这些错误都是来自人性。例如：他说不要认为股价太高而不能买进，也不要认为股价太低而不能卖出。当我们认清了这个错误后试图去改正，最终仍是困难重重。最后就变成了操盘心法，时时刻刻提醒自己别犯这种低级错误。

有关本章最后面的"热带贸易"经典交易战役案例，这种类似的叙述在利弗莫尔的交易记录中经常出现。遵守一个原则，把走势图依照他所讲的绘制出来，并标示清楚他的进出点，以及买卖的逻辑。这样才能看清楚他操盘的过程，让学习操盘这件事情变得更轻松与容易。

— 第二章 —

赔光再赚回技巧

▶ 导读

利弗莫尔亲手撰写的《股票大作手操盘术》这本书在一开始就强调一般投资大众都低估投资的困难，总把投资赚钱想得太容易。他说做错是经常发生的事情，赔钱是必然的结果。因此一再强调，想要投资成功，就必须把买卖股票当成是终生的事业来经营。

本章以"操盘经典"的东山再起案例来说明利弗莫尔的赔光再赚回技巧。分成三节来说明，每一节中提问的主题如下：

（一）利弗莫尔的赔钱操作经验

您是否认为买进后的股票如果赔钱，改做长期投资后，就总能赚得回来？

您经常看对行情，但因过于急躁进场，结果落得仍旧赔钱吗？

您无法耐心等待正确时机进场，而总是落得赔钱收场吗？

您经常还没等到关键点出现就介入，落得赔钱收场吗？

您经常因为人性弱点而驱使自己破坏自定的规则，因而导致赔钱吗？

您经常缺乏耐心影响情绪导致判断失误，造成该赚没赚到还赔钱吗？

（二）投资赚钱是件很难的事

您在操作上经常受到希望、贪婪和恐惧的影响，进而失去理智吗？

您告诫自己要遵守纪律，但进入投资市场后，守纪律就变得困难了吗？

您总是想在股市里赚到钱，但您有多少操盘的技巧？具备多少能力？

在操作上您经常处于知道是一回事，执行又是另外一回事吗？

您经常迷失于频繁进出赚取微薄利润，而错失大波段行情吗？

您在投资市场上，悟出了自己操盘的本性了吗？

（三）怎么做才能让你赚到钱

不要理会内部人士，他们只是公司的啦啦队长，这是什么逻辑呢？

要如何读报与看懂报道背后的真相与后续发展，才能找到赚钱的线索呢？

如何掌握第一手的最新信息，赢得胜利呢？

身随势转才有办法赚到钱，但为何总是转换困难呢？

如何运用价格变化跟踪资金流向，进而分析影响价格的变化呢？

如何解读有心人士的意图，利用利多利空消息影响价格？

认清股市和其他事业的经营一样，就能获得成功吗？

解读财经新闻时，会受潜意识影响情绪造成偏见吗？

如何才能在股市里赚到钱，靠问就能找到答案吗？

操盘手能靠直觉与信念，在做对时要扩大盈利吗？

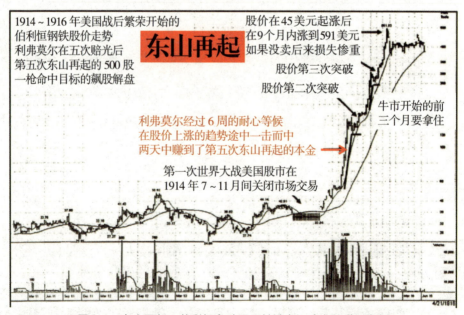

图 2-1 东山再起，伯利恒突破百元关键点，赔光再赚回案例

▶ 操盘经典

东山再起案例——伯利恒突破百元关键点案例——赔光再赚回

离开丹尼尔·威廉森的办公室之后，研究了整体行情，并剖析了自己的问题。利弗莫尔看得十分清楚，这是一个多头市场，成千上万的交易者都能看清这一点。威廉森只给了他买 500 股的额度。他受到严重限制，根本没有一点失误的空间，甚至是最轻微的回调，也能将他扫出场。他必须打从一开始就建立起操作的资金，第一笔购买的 500 股一定要赚钱，他迫切需要赚到钱。除非有了充足的资金，否则他无法好好地运用判断操盘。没有充足的保证金，他不可能保持冷静的心态，来面对投机游戏。他必须经得起一些小损失，就像他在大举下注之前，总是会先试探市场，而当时出现些小损失乃是稀松平常的事。利弗莫尔的经典名言，"打从一开始就是赚钱的""一出手总是满载而归"，就是从这里来的。

他发现，当时他正处在投机生涯中的生死存亡关头，要是这次再度失败，他实在不知道是否还有重新筹集资金卷土重来的机会。很显然，他必须耐心地等待最佳时机的来临。为了克制自己，他不去威廉森—布朗公司。刻意远离他们，并专心研究了6周的报价带。如果去了威廉森—布朗公司，他担心经不起诱惑买进500股后，很可能会在错误的时间点买进了错误的股票。作为一个交易者，不但要研究基本行情，记住市场过去的走势，考虑群众的投机心理和他们经纪人的种种限制，还必须了解自己，克服自己的弱点。他已经领悟到，了解自己和解读报价带是同等的重要。在活跃市场中，他对自己的冲动，或难以避免的诱惑，进行了研究和思考。利弗莫尔知道环境对自己操盘的影响程度。他指出要想操盘成功，了解自己、克制自己、人性的领悟，跟了解报价带都是一样重要的事。了解自己与人性，在操盘生涯学习过程中属于高级的认知。

就这样，日复一日，已经破产但急于恢复交易的他，坐在另一家经纪公司的行情报价板前研究市场，不放过报价带上的每一个变化，等候着全力冲刺的最佳时机。在1915年初的关键日子里，股市受到战后全世界都知道的原因而上涨，当时他最看好的股票是伯利恒钢铁。他确信第一次世界大战爆发，钢铁材料需求增加，钢铁股易涨，伯利恒钢铁会上涨，但是为了确保出手时万无一失，他决定等它突破面值100美元时再出手。根据他的经验，每当一只股票首次突破100、200或300美元时，它还会继续上涨30至50点，而且突破 300 美元之后的上涨速度，会比突破 100 美元或 200 美元时更猛且更快。此次利弗莫尔再次运用"整数关卡操盘法"累积操盘本金。

他眼睁睁地看着伯利恒钢铁如他预期地上涨，每天都在上涨，而且越涨越高，但他必须极力克制自己，不要冲动地跑到威廉森—布朗公司并买进 500 股股票。他知道，必须第一次出手交易，就一定要成功盈利才行。伯利恒钢铁这只股票每上涨 1 点，就意味着他错过了 500 美元的利润。一开始的 10 点涨幅意味着，要是他早动手现在就能加码了，他将不止持有 500 股，而是可能已加码到了 1000 股。每上涨 1 点，他就可以赚进 1000 美元，但他依然不动如山，完全不理会心中呐喊的希望和信念。只要筹到一大笔资金，他就能把握机会进场交易了。但如果没有这一大笔资金，即使是极微小的机会，对他来说也是可望而不可即。经过了 6 周的耐心等待，情绪管理即将成功，知识终于战胜了贪婪和希望。

当伯利恒钢铁突破 90 美元时，他的心开始震动和流血，他极看好这只股票，竟然没有放手买进。当它涨到 98 美元时，他对自己说："伯利恒将突破 100 美元，一旦它突破 100 美元，将继续往上涨！"报价带所显示的再明白不过了。当报价带上的数字还是 98 美元时，他已经看到了 100 美元，而且他知道这数字不是发自希望和心愿，而是研读报价带的本能在呼喊。因此他对自己说："不能等它突破 100 美元了，必须马上动手。它现在和突破面值已经没什么区别了。"

他奔向威廉森—布朗公司，下单买进 500 股伯利恒钢铁股票。当时的价格是 98 美元，而他的单子成交在 98 至 99 美元之间。接着它就开始飙涨了，他记得当天收在 114 或 115 美元。他又买了 500 股。保证金交易的盈利，虽没有平仓，是准许被动用的，故此时利弗莫尔操作的股票已盈利，便可以再多买。隔天，伯利恒钢铁的价格为 145 美元，他的筹资大计成功了。这是他应得的。在出手买进伯利恒钢铁之前的 6 周期间，是他这辈子最难熬和心力交瘁的日子，但耐心等待是非常值得的。起初区区 500 股的资金他什么事也办不成，而现在他已经有足够的资金进行大规模的交易了。

一、利弗莫尔的赔钱操作经验

在投资市场里，这些赔钱的错误操作经验，乍看之下觉得很荒唐，但却是所有投资者天天犯的错。

◎ **您是否认为买进后的股票如果赔钱，改做长期投资后，就总能赚得回来？**

买进时想着要短期投机，套牢时就改成长期投资，这样操作很危险，因为股票犹如女人的衣帽，也会不再流行。

投资者常说："我不担心股价的上下波动或追缴保证金。我从不投机，买股票是为了投资，就算股价一时下跌，终究会再涨回来的。"然而，很不幸的是，许多当初被这些投资者所认定的投资标的，都在后来遇到剧变。于是乎，这些所谓的"投资股"就变成为不折不扣的"投机股"了。有些股票甚至还从地球上消失，投资者所投入的资金也就血本无归了。

会发生这样的事，完全是因为投资者没有意识到，即便是所谓的"投资股"，也会在面临未来的新形势时，完全失去它的盈利能力，而投资者却自始至终都视其为永久的投资。等到他们认清行情时，手上的投资价值已大幅折损。因此，投资者应该一如成功的投机者，在从事投机冒险时，对自己的资本随时保持戒心。那些喜欢自诩为"投资者"的人，必须能做到这一点，方能免于日后被迫成为投机者的风险。

◎ 解决方案

依利弗莫尔个人意见，所谓投资者才是不折不扣的大赌徒。他们决定好要押哪一注后，就从一而终，如果这个决定错了，他们就死抱持股，直到赔光为止。投机者也可能押上同一注，但是假若这位投机者够聪明，而且又在做记录的话，危险信号会警告他情况不妙，而他也会立即做出反应，将损失控制在最小的范围内，等待着下一个进场好时机的出现。

◎ **您经常看对行情，但因过于急躁进场，结果落得仍旧赔钱吗？**

不等行情启动，就凭自己想象的预测而行动，最终耐心被消耗殆尽，丧失勇气，导致失去了本金。

您可以对特定一只股票有自己的看法，相信它会走出一段特殊的走势，不管是上涨或下跌。尽管最后您的看法是正确的，但有可能因太早就根据自己的想法去做推断或采取行动，结果仍旧赔了钱。

相信自己的想法正确并且立即采取行动的结果，只会落得这样的下场：在您确定市场方向出手后，发现它竟然往完全相反的方向走。市场变得沉闷不前，您终因厌烦而出场。也许几天以后，这只股票又转好，而您也再度介入，但就在您刚刚重新介入后不久，它又背叛了您。您又一次开始怀疑自己的判断，并且卖出持股。由于太过急躁，也由于两度错误的行动，您可能丧失勇气。更可能在多次这样的进进出出之后，对自己的判断也完全失去把握。

◎ **解决方案**

贸然介入走势尚未真正启动的股票，就无法在走势真正展开时正好介入，因为早在还没启动前就已卖掉。当针对某一只或数只股票有了确切的判断之后，不要太急着介入。先等等，仔细观察一下该股在市场上的表现。耐心等待到关键点出现后再出手，才能掌握到正确的买点。

◎ **您无法耐心等待正确时机进场，而总是落得赔钱收场吗？**

投资者总想要每时每刻都能盈利，以至于造成人性主导了赚赔。

正如许多投机者一样，利弗莫尔有许多次都无法耐心等到预测获得确认的情况就进场交易，因为想要每时每刻都能盈利。他喜欢用打牌来做比喻。对他而言，就像玩扑克牌或桥牌，由于人性使然，总是每一把都想玩。这股"每一局都要参与"的欲望是投机者管理财富时的天敌，它终究会给您带来灾难。在他早期的投机生涯中，这种投资心理与行为曾数度让他破产并陷入财务困境。

也许您会问："凭他的经验，怎会允许自己这么做呢？"答案在于他也是人，也有人性弱点。正如所有投机者一样，让缺乏耐心压倒了自己的良好判断力。投机酷似打牌，不管是桥牌或其他类似的玩法。大家都有共通的人性弱点，想要每一局都赢，因此当然每一局都下去博手气。

◎ **解决方案**

我们或多或少都拥有的人性弱点，就是投资者或投机者的头号大敌。倘若未加小心防范，它终叫人落入陷阱。运用交易记录，察觉到了这种情况出现时，就应该严格限制自己进出的次数，特别要记好别交易过度的规则。

◎ **您经常还没等到关键点出现就介入，落得赔钱收场吗？**

股价运行时，在固定位置，有相同的赚钱技巧。依走势图操作，而非依希望操作。

利弗莫尔说：没有做完伯利恒的整个涨势。在关键点抵达200、300以及令人头昏眼花的400美元时，都重复相同的操作手法，但没有做完整个走势，因为他期待着会出现空头市场中会发生的走势，股价跌破关键点后，一路往下走。他说：每一次只要失去耐心，还未等到关键点出现就介入，以求赚取暴利的结果，几乎总是落得赔钱收场。然而，最重要的事情，就是细心地抓住介入时机。缺乏耐心必定付出惨痛代价。

◎ **解决方案**

他学到了一件重要的事，密切注意股票越过关键点之后的发展。他发现确定反转后，应卖出持股。最容易出现的一种情况就是，当股票越过关键点后，就变得缺乏力道。他多次在这种情况出现时，卖出手中的仓位，并且站到市场的另一边去开始做空。这里的解决方案就是学会辨别假突破的形态。

◎ **您经常因为人性弱点而驱使自己破坏自定的规则，因而导致赔钱吗？**

股市里的诱惑来自四面八方，听信明牌只会蒙蔽自己正确的判断。

要把投机看得困难一点。

　　明牌来自四面八方。一位美国大企业主席曾经告诉利弗莫尔一张明牌，他说，该公司有转机，季报数字会比预期还要好，股票要从这里开始上涨了。他喜欢这位主席，而且相信他，因此隔日就买了一千股来试试。公布的盈利数字真的一如该主席所言。股票涨势相当不错，接下来三季的盈利还会继续往上爬升，股价也稳定地上涨。随着股价持续地往上涨，自然产生了一种安全感。接着，它突然停下来，并往相反方向像瀑布一般地跌落。

　　他打电话给那位主席，问到底发生什么事了？主席回答他，股票下跌，只不过是正常的回调修正，毕竟这只股票一直稳稳地往上走也接近一年了。他问主席业绩情况如何？主席说，业绩是有一点点下滑，然而这消息可能泄露出去了，空头逮到这个消息，因而出手打击股价，这应该是空头做空偷袭的结果。他问主席，是否你们这些人在卖股票？主席回答他，绝对没有！但他稍后发现，可以确定的是，这些内线消息的提供者，打从风闻业绩暴跌的那一刻起，就已经忙着在大卖持股。

　　投机是利弗莫尔的事业，他毕生的志向，以及他最钟爱的事情。解决难题是令他向往的工作，金钱绝对无法解决难题，金钱是解决难题后所获得的报酬。在他这辈子中出现过几次的破产，都是没能解决难题的惩罚。令人迷惑的是，在市场上交易看似简单，但实则却是最困难的事之一。预测趋势不是一件容易的事，它之所以如此困难，全是因为人性，而控制和征服人性是最困难的工作。利弗莫尔常常这样告诫自己的小孩，当他破坏自定的规则时就会赔钱，只要他遵守自定的规则就能赚到钱。

◎ **解决方案**

利弗莫尔从来没有为这件事生气，是他自己愚蠢、贪心。他知道所有的重要主管，基本上都是公司的啦啦队队长，他们必须保持乐观，必须只报喜不报忧。他们绝不会告诉股东或竞争对手好景不再的信息。事实上，每次听他们说谎，他都莞尔一笑。这些虚伪的说法和谎言，不过是为了自保，是首席执行官工作中重要的一部分，无论其权力大小皆如此。

主管该关心的是要如何自保，而不是公司的高级主管与股东。因此，在他几度损失惨重之后，他再也不会询问内部人有关其公司业务的情况了。干吗浪费时间去听这些半真半假、有所隐瞒的事情呢？他可以自己盯着股票表现，为何要去听这些不正确的信息传播，看着别人脸不红气不喘地说瞎话。股市的表现就蕴含着清晰的来龙去脉，真实的情况每个人在报价记录中都可以看得见。

◎ **您经常缺乏耐心影响情绪导致判断失误，造成该赚没赚到还赔钱吗？**

看对是一回事，做对又是另外一回事，原因是情绪对操盘影响很大。

多年以前，利弗莫尔因缺乏耐心错过了交易时机，而错失百万进账。每次讲起这件事时，他都感到无地自容。当时，他十分看好棉花，认为棉花会上涨，但是市场还没有上涨的迹象。然而，就在得到上述结论后不久，他就急急忙忙地一头栽进棉花里。

他的第一笔交易是买进 2 万包棉花。在沉寂的市场里丢进这一张买单，一下子把成交价往上推升了 15 点。就在他最后买进 100 包之后，价格在 24 小时内又跌回到当初进场的原点。这次交易之后，棉花价格毫无动静地沉睡了好几天。他终于感到十分厌烦，出清了手中的棉花，包含佣金在内，带着 3 万美元的损失出场。当他卖出最后的 100 包棉花时，理所当然地以该次回调的最低价成交。

过了几天之后，棉花再度引起了他的兴趣。他无法忘记棉花，也没有改变看好棉花后势飙涨的念头。于是，他再次买进 2 万包棉花。同样的事情再度发生：他自己下的买单将成交价一路推高，一买完，价格又跌回到原点。他再次心烦地等待，于是他再度清空仓位，最后一笔又是卖到最低价。

六个星期之内，他重复了五遍产生巨额损失的操作。每一笔的损失都在 2.5 万到 3 万美元之间，总共损失将近 20 万美元。他对自己万分厌恶，再也不想看棉花行情，以免受不了诱惑。郁闷的心情弄得他无法清晰思考，而从事投机的人是必须时时刻刻保持头脑清醒的。两天后，就在他对棉花完全心灰意冷时，涨势启动了，头也不回地直接上涨 500 点。在这段令人瞠目的涨势中，只发生一次幅度达 40 点的回撤。他错失了一次诱人且程度超乎他个人想象的狂涨之旅。

◎ **解决方案**

归根结底，原因有二：第一，他没有耐心等到交易时机的来临，光看价格就决定开始操作，他缺乏等待的意志力。尽管买点未到，却自认可以在很短的时间内赚进一点额外的利润。在市场准备完成前，他就采取行动。这么做的结果，不但使他的损失接近 20 万美元，另外还要算上应该赚却没赚到的 100 万美元利润。第二，只因为没有遵守良好的投机程序而导致判断失误，他便纵容自己对棉花市场感到愤怒与厌恶。他之所以会产生损失，完全是因为缺乏等待的耐心。他应当耐心地等待，让自己原先预测的想法和计划，能支持自己等到正确时机的来临。关键点技巧能够让他掌握正确的交易时机。

二、投资赚钱是件很难的事

逆着人性才能赚钱，但逆着人性是困难的。投资赔钱的谜团来自：把噪声当成重要信息，偏见当宝贵意见。

◎ **您在操作上经常受到希望、贪婪和恐惧的影响，进而失去理智吗?**

失败的投资者总是拥抱着希望，然而是市场决定您的输赢，不是希望、贪婪和恐惧。

在股市里，希望一路上和贪婪及恐惧总是形影不离，且轮番上阵。一旦下场做交易，希望就跳进生命之中。怀抱希望是人的天性，正面思考而且期待好事会发生。希望是人类所具备的一项重要生存技巧，但是希望就像无知、贪婪和恐惧等情绪一样，全都在扭曲您的理智。股市里只有事实和理智，而且股市永远不会错，只有操盘手会出错。

◎ **解决方案**

就像轮盘旋转的最后结果由那颗小黑球决定，不是贪婪、希望和恐惧。结果是客观的，而且它是最后的结果，不得上诉，大自然法则就是如此。人性弱点是操盘手的天敌。做好情绪管理后，操盘手才能过得了希望、贪婪和恐惧的难关。

◎ **您告诫自己要遵守纪律，但进入投资市场后，守纪律就变得困难了吗?**

不如预期时就应该止损，本金止损法是最基本的止损法则。

利弗莫尔也会根据直觉卖出持有仓位，然而那其实不是什么直觉，应该是他在市场上操作多年所累积而成的潜意识。当他买进一只股票时，心中对它未来的表现，自有一套定见，如果它没照预定的剧本走，或不立刻往上走，他通常会头也不回地卖掉仓位。当他买进时预期它会有所作为，它的不符预期就是明证，足以令他卖出持股。如果他在一笔交易上损失超过百分之十，他就会立刻出清。他从不为自己找借口，股价下跌这个事实就足以构成出场的理由。

◎ **解决方案**

永远都要记住，股市里没有任何规则堪称铁律。股市投机者的主要目标是试着让尽可能多的有利因素都往自己这边靠拢。而且，就算做到这个地步，股市操盘手仍然时常会错，他也必须用认赔出场来做回应。违反人性的风险管理是操盘的困难点。

◎ **您总是想在股市里赚到钱，但您有多少操盘的技巧？具备多少能力？**

充实自己的研判能力，正确解读市场所透露的信息，靠能力与意志力快速调整到对的位置。

如果投资者知道如何判断证据，正如刑侦人员侦查犯罪现场的种种细节，别人根本都看不到的线索，他们会看得很清楚。他们唯一要做的就是观察市场在透露什么样的信息，并且加以评估。答案就在市场的种种情况之中，困难点在于要能对它们做出适当的解读。利弗莫尔对他的儿子说：这就好比一个伟大的侦探侦办着一件没有完结篇的案子，因为您永远无法窥得全貌。

利弗莫尔避开弱势板块当中的弱势个股，偏好强势板块中的强势个股。当各项因素对操盘手不利时，操盘手必定有意愿也有能力可以逐日根据行情修正自己的预测与仓位，并且快速行动。

◎ **解决方案**

切记一件非常重要的事情，每一笔加码买单的价格都要比它的前一笔高。同样的规则也适用于做空，只不过每一笔空单成交价都得低于它的前一笔。对没有经验的投机者而言，最困难的部分在于每一个仓位的成交价在节节升高。为什么呢？因为每个人都会贪小便宜。每一笔交易的成交价升高是违反人性的，大家总想要买在底部并且卖在顶部。心里再如何挣扎也敌不过事实，不要满心期望，不要和行情报价争辩，因为它永远是对的。在投机的领域中，没有希望、揣测、恐惧、贪婪、闹情绪的空间。股价的表现就是事实，但投资者的解释则常常隐藏着谎言。

◎ **您知道怎么操作是一回事，执行操作又是另外一回事吗？**
投机者在没有计划之下进场交易，不可能成功。

除了交易时机和资金管理之外，情绪管理也是很重要的。知道该做什么是一回事，是否有足够的意志力去切实执行又是另外一回事。股票市场如此，生活亦是如此。利弗莫尔明白这一点，认为严守纪律去遵循自己的原则是很重要的一件事。

◎ **解决方案**

没有明确、清楚原则的投机者，是不可能会成功的。原因在于没有计划的投机者，好比没有策略的将军，根本缺乏可行的作战计划。没有一个清晰计划的投机者，只能在股市的刀光剑影中一边闪躲一边出招，直到失败为止。

◎ **您经常迷失于频繁进出赚取微薄利润，而错失大波段行情吗？**

要赚钱就要波段操作，而忽略细微波动。成功投资者的利润，来自其他市场参与者的犯错行为。

当大波段行情大摇大摆地往前行时，绝大多数人总是站在错误的那一方。总想着从每一天的价格变动中赚取利润的投机者，永远都无法从下一个重要的市场变动中盈利。在您什么也不做的时候，那些天天必须杀进杀出的投机者正在为您的下一趟冒险之旅打下基础。您可以从他们所犯的错误中欢呼收割。投机会叫人穷忙不停，多数从事投机的人在"号子"里流连忘返，成天都有接不完的电话，到了下班时间还有参加不完的行情讨论聚会。报价系统上的画面整日盘踞心头。他们对那一点点的上下波动非常热衷，以致错失大波段行情。

◎ **解决方案**

要克服这样的弱点就必须做股价走势记录，研究记录，并将时间因素很小心地列入考虑，以了解这些价格变动是如何发生的。凡事亲力亲为，做好交易记录，视投机为事业，才能发现自己的错误，并及时更正。

◎ **您在投资市场上，悟出了自己操盘的本性了吗?**

投资者进入股市之后，本性就一览无遗。如果要投机，就应该全神贯注。

股市是全世界最大的金矿，就坐落在曼哈顿岛下方，这件事可不是只有利弗莫尔一个人知道。这个金矿天天开门，邀请所有人进来一探究竟，只要您有本事，就能推着装满金条的独轮推车离开，而他就真的这样做过。这座金矿好端端地在那里，他相信每一天都有人会去一探究竟，当一天结束的铃声响起之时，有人会从乞丐变王子，从王子再变君主，又或者一文不名地宣告破产，而它永远都在那里，痴痴地等着想发财的人出现。这是人的本性。

◎ **解决方案**

成千上万的人在股海中投机，但只有极少数人把全部的时间拿来研究投机的艺术。但就利弗莫尔个人之所见，它是一项全职的工作，而且或许还不仅仅是一个工作，可能是一种专业，然而多数人中只有少数人会突围成功。

投机制胜之道没有别的方法，唯有辛勤工作，且不断地辛勤工作而已。若是他们周围有任何容易的钱可以赚，没有人会把它送给他，这一点他很明白。他的满足来自打败市场与解决难题。金钱就是报酬，但这不是他喜爱这个市场的主要原因。股市最棒的地方在于里面有最复杂的难题，而解决难题会带来最丰厚的奖赏。

三、怎么做才能让你赚到钱

想要赚钱就得具备勇气与谨慎，但钱到手了之后，需要更多的勇气与谨慎才能守住。

◎ 不要理会内部人士，他们只是公司的啦啦队队长，这是什么逻辑呢？

公司经营是一回事，股市操作又是另外一回事。内部人士总是有不能说的秘密。

利弗莫尔从不理会内部人士、董事及管理层所采取的动作。内部人士通常对自己的股票判断力极差。他们知道的太多，关系也太密切，以至于看不出自己的缺点。重要高管大多对股市是无知的，尤其不懂股市的技术指标和集体行为特性。他们不愿承认股市和他们所经营的事业是截然不同的两码事。换言之，您可能是无线广播或汽车专家，或是钢铁制造商，但您对股票交易，特别是在一个变化多端的股市中交易，仍旧一无所知。

◎ **解决方案**

看懂大多数公司首席执行官的行为，其实和啦啦队队长没什么两样。他必须向股东再三保证情况一切良好。如果业绩下滑，他就会向股东说，业绩下滑是由某个暂时性原因所引发的一个小问题而已。如果盈利数字下跌，他就会向股东保证，公司已经采取应对措施，并且有完善的计划重振盈利能力，因此没有什么值得担心的。

◎ **要如何看懂报道背后的真相与发展，找到赚钱的线索呢?**

登上头版新闻时，往往是涨跌互换的关键点。重要的线索藏在不起眼的小新闻里。

利弗莫尔绝不是只读头条新闻而已。他看得很仔细，寻找可以提供重要线索的小新闻，特别是有关产业或个股由衰转盛或由盛转衰的报道。头条新闻是给傻瓜看的，好的投机者需要看的是报道背后的东西，并且观察它们实际的后续发展。

◎ **解决方案**

通常那些充满误导性的报道，是特定人士或经纪商安排好日程偷偷发布出来的，他们不仅是利用消息卖出股票，而且希望在持续出货的过程中吸引大众继续投资这只股票。

◎ **如何掌握第一手的最新信息赢得胜利呢?**

掌握第一手最新信息有利于操盘。靠获得正确信息，并加以研判就能赚到钱。

利弗莫尔的桌上有三部黑色的电话机，第一部直通伦敦，第二部直通巴黎，而第三部则直接连线到芝加哥的谷物交易所。他要的是第一手且是最新的信息，也愿意花钱拥有它。他知道打胜仗靠的是信息和智慧，拥有最佳信息与智慧的将军，将最有可能赢得胜利。

◎ **解决方案**

他不需要任何战争的谣言，他只需要特定的正确信息。

◎ **身随势转才有办法赚到钱，但为何转换困难呢？**

预测不准，是经常发生的事。不要与股价争辩，要尽快调整到正确的位置。

市场的表现经常与投机者的预测背道而驰。这种情况发生时，成功的投机者必须抛弃成见，跟着市场的表现走。

◎ **解决方案**

精明的投机者不会和股价表现争辩，记住了，市场永远不会错，个人意见则经常都是错的。

◎ **如何运用价格变化跟踪资金流向，进而分析影响价格的变化呢？**

市场参与者的想法与行动力会影响行情。资金流向就是动能指标。

利弗莫尔进一步观察到决定行情方向的不是数百万人的想法或说法，重要的是他们通过实际买进或卖出行动对行情所产生的影响，这一切会立即反映在报价记录上。

依照他的观察，多头市场的主要火力就是金钱，有多少银弹可供使用，以及投资者的真实态度和情绪，而这些人经常是偏向买进或卖出股票。他总是尽所有可能跟踪金钱的流向。

◎ **解决方案**

如何解读这些在您眼前跳动的数字的种种迹象，才是赚钱的关键。

◎ **如何解读有心人士的意图，利用利多利空消息影响价格？**

有心人士利用媒体达成自己的意图。操盘手对于消息的解读。

特定人士经常利用媒体来吹捧自己手上的股票，通过影响公众舆论，并说服一般大众和主力圈做出买进或卖出的动作。手中持股极多的人、主力和拥有内线消息的人特别擅长这么做。

利弗莫尔总是对报纸上的信息保持戒心。不管报纸上披露的信息为何，他从不照单全收，他会试着去寻找它背后的意图，以及借着这则消息的曝光谋利的种种企图。他明白市场反映着所有股民的态度，而设法在字里行间寻求真意，并且形成个人的主观判断。

◎ **解决方案**

利弗莫尔使用两种方式来解读这类新闻：

1.他试着解读它们对股市操盘手针对某一特定股票的看法与行动，可能产生的即时影响。

2. 他观察实际的股票报价表现，以便得出这些消息对整体板块之买进与卖出所产生的影响。

他对新闻事件的解读常常出错，但他永远明白一点，如果令这则消息发酵的重要性分量足够，那么它终将会在股价上表现出来。他的经验告诉他，客观查看报价记录比较好，因为它能提供事实，告诉您一般大众对这则新闻的实际反应。报价记录所透露的事情，比起股市老师或记者所能提供的指标要有用得多了。训练有素的操盘手会观察报价记录，并且只会根据报价记录所透露的信息作出反应，学会解读报价记录的方法，真理就在这里，您得听它的。

◎ **认清股市和其他事业的经营一样，就能获得成功吗？**

操盘手对投资这件事要付出时间经营，视投资为经营的事业。

他相信任何人只要够聪明、够谨慎，且愿意付出必要的时间，那么他一定可以在华尔街获得成功。只要他们认清股市和其他事业的经营没有两样，那么他们就有机会获得荣华富贵。

◎ **解决方案**

所有股市大波段走势的背后，都有无法抗拒的力量在运作，成功的投机者必须知道的就只有这一件事了，一定要明了真正的股票走势，并且按此走势采取行动。

◎ **解读财经新闻时，会受潜意识影响情绪造成偏见吗？**

解读经济数据应避开陷阱。财经新闻经常符合逻辑但却不符合市场走势。

太过看重经济新闻的一大问题是，它可能会在您心中植入"暗示"，而这些暗示可能会形成潜意识，并且危害您的股市情绪健康，让您无法面对真实的世界。这些暗示常常都非常符合逻辑，但这并不代表它们是对的，也不代表它们会影响市场行情。

◎ 解决方案

利弗莫尔确信市场总是会针对下一步要怎么走，透露出线索。这些线索隐藏在市场的表现之中，就在市场的所作所为之中，而不是存在于预测的情节里。就某种形式而言，您必须像侦探一般，根据您所看到的事实去解决难题。但是，诚如优良的侦探那般，您一定得寻找事实的证据，尽可能予以确认，找出确凿的事实，而这需要不带情绪的分析才能达成。

◎ 如何才能在股市里赚到钱，靠问就能找到答案吗？

正确认识到从股市赚钱是困难的。投资赚钱绝不是靠问就能找到答案。

利弗莫尔怎么也搞不懂，为什么大家会认为在股市里赚钱很容易。每个人都有自己的事业，他从来不会要求卖水果的好朋友告诉他水果事业的奥秘，也不会要求卖车的朋友告诉他经营汽车业的秘诀。所以他无法了解为什么有人会问他，怎么样才能在股市里赚些得来全不费工夫的钱。

他总笑着说，他怎么会知道您要如何在股市里赚到钱？他总是逃避这个问题。这就好像问他，他怎样才能利用脑部手术赚些外快？或是他要怎么做才能靠为谋杀犯辩护轻轻松松赚点钱？

◎ **解决方案**

他从自己的经验得知，即便是试图回答这些问题，都会对个人情绪造成影响，因为您必须采取坚定的立场，并且捍卫自己的思想，事实是随着市场情况的转变，答案可能在明天就变得完全不一样了。

◎ **操盘手能靠直觉与信念，在做对时扩大盈利吗？**

专业人士从经验中培养直觉。坚守信念扩大盈利。

投资者总是谈论着他的直觉，特别是在联合太平洋事件与旧金山大地震发生之后。然而，利弗莫尔从不认为自己的直觉有什么特别，经验老到的投机者的直觉其实和农夫的直觉无异。事实上，他认为农夫是全世界最大的赌徒，他们年年栽种植物，针对小麦、玉米、棉花和黄豆的价格下赌注，对气候和昆虫下赌注，并且谷物的需求是无法预测的，还有什么比这个投机性更强呢？这一原则适用于所有行业。因此，在种植小麦和玉米、饲养牛只、制造汽车或自行车二十、三十或四十年之后，专业人士自然会有自己的第六感或直觉，对自己所从事行业的经验预感。他自己和这些人完全没有差别。他和大多数投机者唯一不同之处是，当他感觉自己真的对了、完全正确、绝对正确时，他会铆足力气一路走下去。

◎ **解决方案**

在 1929 年大崩盘时，他就是这样的做法。他有一百万股的空头仓位，每一点的上下波动对他而言，就代表一百万美元的浮动。就算在他那个最大规模的输赢之中，驱使他前进的从来也不是金钱。

游戏本身，难题的解决和在游戏中获胜的想法，困扰着人类历史上所有伟大的灵魂。对他而言，他的热情、挑战和兴奋，全都倾注在赢得这一场游戏。这是一场对所有在华尔街投机的人而言，充满高度挑战性的游戏。它或许正像是士兵的一场战争，它牵动着所有的情绪和五脏六腑，您的所有知觉都被推向极限，赌注相当高。

▶ A 股案例

想要学会"赔光再赚回"的技巧，就要学会"追随主流股"。图 2-2 的案例上图是东方通信，上涨波段结束买进后，拿到最后赔光，转换买进下图的中国石油再上涨一波赚回。重点是：主流股是会斗转星移的，赔光要赚回要靠主流股。若是操作东方通信赔光，就要靠

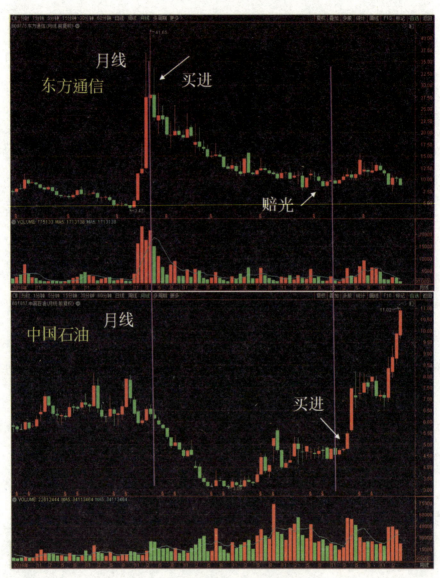

图 2-2　赔光再赚回的 A 股案例

中国石油再赚回。

专心致力研究当时表现最突出的股票。假如你无法从涨势领先的热门股身上赚到钱，你就别想从整个股市里赚到钱。正如女人的服装、帽子与珠宝，永远都在变一样，股市中的主流股，也是此起彼伏地变换。随着时间流逝，新的龙头股升起，旧的龙头股会陨落，只要股市存在一天，这样的情况就会继续下去。

▶ 操盘心法总结

一般投资大众进入投资市场，第一句话就是"我要怎么做才能赚到钱"。因此在证券相关的全部行业，用"这样做就能赚到钱"或者是"学会这一招就能赚到钱"的类似方法吸引着投资者。

在书店中的书架上充斥着的都是如何买卖，这样做就能赚到钱，这类书籍能占到九成。至于投资一定会赔钱，如何止损，做好风险管理的书籍，连一成都不到。

事实上，要学会赚钱的第一步是先学好"如何赔钱"。多年来上课的经验告诉我，学生一开始的提问都是一样的。老师，我是来学赚钱的，不是来学赔钱的。其实真正的道理是，只要买卖交易，就一定会错，一定会赔钱。要长期持续地稳定盈利的秘诀是：赔少赚多，赔的时候少赔一点，赚的时候多赚一点。

　　因为要扭转一般人对投资赚钱的逻辑，故本章以"利弗莫尔的赔钱操作经验"和"投资赚钱是件很难的事"作为起始，期望能对大家起到拨乱反正的效果。

微信扫码观看，齐克用讲解动态操盘术

— 第三章 —

主流股买卖时机

▶ 导读

　　要正确地掌握股票的买卖时机，先从基本功"交易记录"与"亲力亲为"开始练起。成功的结果，是来自执行适当的步骤。哪些是适当的步骤？只有在交易记录里，通过事后回顾才能给您印证交易过程中的适当步骤。通过不断地回顾过去成功的方法，增强信心，才能将成功延续至未来。

　　道听途说的小道消息，犹如在狂风暴雨中听人指挥船应开往何处。亲力亲为做记录，心中逐渐形成定见，一切风险都在自己的掌握中。最有效的心理演练，就是亲力亲为做记录。

　　交易记录，让您的内心感受到自己处于心平气和的状态时，能听到股价说真话。交易记录，让您在任何时间，都能静下心来安静思考。本章在"操盘经典"中以"危险信号"的案例来说明利弗莫尔的卖出时机技巧。分成三节来说明，每一节中提问的主题如下：

（一）运用交易记录亲力亲为

　　如何运用交易记录准确预测未来走势？

如何运用交易记录找出一套适合自己操作的赚钱模式？

如何从交易记录中找到胜算大的龙头股？

想要买在起涨点，卖在起跌点，需要先做哪些事？

为什么投资赚钱的事，一定要自己亲力亲为？

交易记录应该注意哪些事项才能预测未来？

如何运用交易记录，正确解读资金流向，预测未来方向？

如何通过交易记录，整合出自己的思考模式，运用自己的方法来赚钱？

（二）如何掌握交易时机赚钱

为何有了正确的选股逻辑，才是能执行的赚钱方案？

掌握交易时机就能赚钱，由上而下的操盘法，应如何正确执行？

如何掌握关键点的信号，正确采取买卖行动？

如何评估自己的研判是否正确？

行情是如何在最后爆发的末升段行情之后结束的？

操盘手除了掌握交易时机之外，为何还需考虑成交量？

（三）交易过程中的危险信号

为何股价从一个高点大幅滑落，一定是事出有因，怎知是危险信号？

您经常将耐心用错地方，忽视重大的危险信号，眼睁睁地看着损失扩大吗？

为何正常走势进行中，一旦出现前所未见的不正常回撤，就是危险信号？

为何过度自信与失去戒心都是操盘手的危险信号？

为何向下摊平与补缴保证金，都是操盘手的危险信号？

为何放量反转与异常行为都是危险信号？

为何全部买在同一价位和股价表现与原意相违背，都是危险信号？

如何运用姊妹股操盘法与协力车操盘法，来跟踪股票未来发展线索及危险信号？

为何真实与想象的盈利能力都能影响股价，想象的盈利能力是危险信号吗？

为何优势板块中的弱势股与股票越过关键点后不如预期，都是危险信号？

对市场走势要保持各种可能性的看法，逆向的偏见是危险信号吗？

为何在股市极度悲观下，进行回补空单的反向操作，是危险信号？

沿着最小阻力线操作才能赚到钱，这种顺势操作可能会是危险信号吗？

（四）选股策略与主流股操盘

为何选股的首要策略是找寻股价创新高或创新低的股票？

为何主流股操盘术是利弗莫尔操盘术的核心选股策略？

为何要选择依循沿着最小阻力线操作的股票来选股？

根据眼前的利好消息来选股，为何经常会赔钱？

要如何运用正确的逻辑来选股，才能找到赚钱的股票呢？

如何正确执行追随最强势板块中的龙头股，避开廉价或走势差的股票呢？

避开长期不动的股票，把钱投资在龙头股身上才能赚到钱，但要如何执行呢？

在选股策略上，为何同时买入太多种股票，容易导致赔钱呢？

为何以偏概全的选股策略，容易造成赔钱？

▶ 操盘经典

不要死拿着股票直到它变成亏钱。在获得可观的账面利润后，您必须保持耐心，但也不能让耐心变成一种漠视危险信号的心态。以下是利弗莫尔用案例来说明危险信号：

如图 3-1。该股票再次启动，它在一天内上涨了 6 到 7 个点，然后第二天也许达到 8 到 10 个点，交易相当活跃。然而，就在当天的最后一小时，突然出现一波异常的下跌，下跌幅度达到 7 或 8 个点。次日早上，它又下跌了 1 点左右，然后重新再次开始上涨，

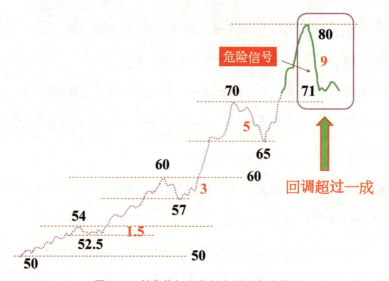

图 3-1　利弗莫尔用案例来说明危险信号

而且收盘时走势相当强劲。但是，到了第三天，由于某种原因，它的走势没能延续前一天的涨势。

这是一个即时性的危险信号。在整个上涨趋势发展的过程中，仅仅出现过自然且正常的回撤，然而在这个时候却突然出现异常的大幅回撤。我所说的"异常"，是指一天之内价格自当天所创下的极高价回撤6个点或更多的点，这是过去从未出现过的。当股票市场出现异常情况时，就是它在向您发出危险信号，切记不可忽视这样的危险信号。

利弗莫尔说：当危险信号出现时，我二话不说，立即做出卖出的动作。显然这个危险信号就等同于卖出信号，这里是讲交易买卖时机，重点是谈：（1）是在持有仓位的时候；（2）是在谈操盘的动作，不是在谈理论或道理。

在利弗莫尔的书中多次谈到危险信号，其实这个语词表达的是多种情况下的信号，并非单独只有一种情况下的信号。在本章第三节会以各种不同的情况来解读危险信号。

为什么会有那么多种危险信号？当危险信号出现时，是指趋势已经反转了？还是指即将要开始赔钱了？

我们需要学习如何辨别危险信号，以及操盘过程中的危险信号出现时，要如何应对。行情有各种形态的变化，当进场后行情不如预期，是危险信号。当来到关键点，价不动，量却不断放大，也是危险信号。如图 3-1 中的案例，趋势持续，股价涨涨跌跌地持续向上进行。最后一次突破大涨后，股价表现一日反转，而后跌到主要支撑之上时，是危险信号。这里的危险信号，是在趋势还没反转之前。还不确定是真的要持续下跌了，只是要跌的可能性变大了。这里也还没到赔钱的地方。

为何辨别危险信号是困难的？针对危险信号的问题，我们必须弄清楚在操盘过程中发生的位置，以及操盘过程中如何应对。因为危险信号发生的位置，都不是在趋势已经反转，或是已经赔钱的地方。从操盘的角度来看，这个危险信号的位置并不是止损的位置。从动态操盘术上来看，随着时间的推进，情况不是不如预期，就是走势已经出现异常的变化。因此文中描述的正常量价的趋势变化，以及异常的量价变化，都是我们需要学习的重点。这些技巧都可通过现代技术分析中的形态学、量价关系，以及 K 线理论达成。

一、运用交易记录亲力亲为

为决策做复盘，从做交易记录开始，复盘的重点在于让您找到交易的盲点，协助您看见在最关键时刻的操盘技巧和瑕疵。

◎ 如何运用交易记录准确预测未来走势？

让交易记录对您说话的秘诀：记录市场所发生的价格变动，有助于分析市场现状。

多年前，加州山里住着一位非常成功的投机者，他每天只能收到三天以前的报价单。每一年，他会打两到三次电话给他位于旧金山的经纪人，下单买卖股票。他有一位朋友经常耗在经纪公司里，对此人十分好奇。他了解到此人与市场的实时报价完全隔离，鲜少下山以及必要时出手之重时，更加啧啧称奇。

终于有一天，他与这个山里人碰了面，他的朋友问他，身处深山如何跟踪股市脉络？他答称：他将投机视为事业，如果他因诸事混淆而令自己为细枝末节的变动分神，他必然会失败。他喜欢离市场远一点，让自己能够思考。

他将发生过的价格变动做成记录，这让他对市场的现状有十分清楚的看法。真正的走势不会在它开始的那一天就结束；真正走势的结束需要一些时间。因为住在山上，他可以给它们足够的时间，但是当他发现报纸上的数据，明显与一段时间内的相同变动不符合时，会立刻决定进城忙碌一下。

这是一件发生在多年以前的事了。这个山里人，在很长的一段时间里，不断地从股市赚走庞大的资金，这多少给了他一些灵感。他比以往更加努力尝试着，将所收集到的所有资料与时间因素加以整合。经过不断的努力，他的资料已经能以令人惊讶的准确度协助他预测未来的走势。

◎ **解决方案**

直接询问非常成功的投机者后获得的答案，重点如下：

（1）视投机如事业；

（2）微小的价格变化会让人分心，陷入混乱；

（3）远离人群，让自己能够思考；

（4）发生过的变动做成记录；

（5）一波真正的趋势需要时间来完成；

（6）远离闹市，给整波趋势留下时间去完成；

（7）从报纸上找价格数字，记在我的记录里；

（8）记录中价格变动模式明显不同时立刻下山进城。

利弗莫尔说，初次做记录后，发现它对他的帮助不大。数周后，他有了新想法，他开始又跃跃欲试地忙着做记录，但他发现结果虽比第一次所做的记录有进步，但仍旧不能满足他心中的期望。一连串的新想法，让他做出一连串不同的记录。渐渐地，他从这一大堆记录中，萌发出以前未曾有过的想法，接下来所做的每一个记录，开始显现出越来越完善的结构脉络。但是，一直等到他开始将时间因素并入价格变动之时，他的记录才开始对他说话。从那个时候开始，他用全新的方法做记录，而它们也终于为他确切找出关键点，并且告诉他如何利用它们在市场上盈利。从那时候到现在，他数度更改推算方法。今天，这些记录在他的设定方式下，也能对您说话，只要您愿意让它们说话。

◎ **如何运用交易记录找出一套适合自己操作的赚钱模式？**

靠交易记录找出赔钱原因，找到交易时机的盲点。根据过去类似情况所做的记录，评估市场可能的表现。

利弗莫尔检查 1923 年度每一笔的交易记录。他的所有交易都做了记录，记录他的买进或做空理由，还有出场原因。他常常赔钱，就是想利用周末找出这一年来在某些交易中赔钱的原因。

市场若在一段时间内走势一直很明确，这时的一则利多或利空消息，可能都无法在市场上激起半点涟漪，或者只是暂时性的影响。这时的市场可能正处在一个过热的情况中，特定新闻的效应当然乏人理睬。

碰到这种情形，为过去类似情况所做的走势记录，对从事投机或投资的人来说，便有了非常宝贵的价值。在这个时候，投资者必须完全摒弃个人意见，将全部注意力投注在市场本身的表现上。市场永远不会错，个人意见则常常都是错的。除非市场的表现与您的想法相符，否则个人的意见完全没有价值。

◎ **解决方案**

利弗莫尔偏好做记录，原因在于做记录的方式，让他对于即将要发生的事情，产生了一个清晰的想法。但是，得要加入"时间因素"的考虑，这些记录才能对预测未来重要变动产生真正的助力。

◎ **如何从交易记录中找到胜算大的龙头股？**

亲自做记录并与时间因素结合。通过亲力亲为产生交易的主观意见。

一定要亲自做记录。您必须亲自写下那些数字，不要让他人来代劳。此一做法所能产生的主见之多，将令您感到十二万分的惊奇。它们是您的新发现，您应该拿它们当成您的个人秘密看待。

投资者可以相当正确地预测未来的重要走势，但必须有耐心才能做到这一点。首先，要对个股和板块都十分熟悉。接下来，如果能将所做的记录与时间要素正确地结合起来，您就会有能力确定重要股价变动的来临。只要您有能力正确地解读自己所做的记录，就一定能从每一板块中挑出表现一马当先的龙头股。

◎ **解决方案**

当利弗莫尔从记录中看出上涨趋势在酝酿时，他会在这只股票经历一段正常回调走势之后再创新高价时立刻买进。当他要做空时，做法亦同。为什么呢？因为他在顺势而为，他的记录对他发出信号，要他采取行动。他绝不在股票回调时买进股票，也绝不在股票反弹之时做空。还有一个重点：如果您的第一笔交易已经让您蒙受损失，再做第二笔交易不过是有勇无谋。

◎ 想要买在起涨点，卖在起跌点，需要先做哪些事?

亲力亲为做记录＋考虑时间因素＋耐心。关键点技巧，能让您掌握买卖时机。

通过记录股价，以及将"时间因素"列入考虑，您一定会有办法找出许多可以介入享受急涨的关键点。但是，您得训练自己，具备在这些时点上做交易所必需的耐心。您必须投入时间来研究所做的记录，而且一切都要亲力亲为，依据自己的研究所得，标出抵达关键点的价位。

您会发现，关键点的研究会带来令人难以置信的成果，它是个人研究的黄金境界。如果您完全凭借一己之力来挖掘您的个人发现，用自己的方式交易，运用耐心，而且对危险信号保持警觉，一定会发展出一套正确的思考模式。

◎ 解决方案

利弗莫尔建议有志于在股市搏杀的人，随身携带一本小笔记本，可以记录有趣的一般市场信息，或者可以就此开发出自己的股市交易策略。他总是建议他们，小笔记本第一则要写下来的东西就是：提防小道消息，这包括所有的小道消息。

◎ 为什么投资赚钱的事，一定要自己亲力亲为?

一定要亲力亲为，所做的记录才会对您说话。别人成功的方法，无法套用在自己身上，唯有亲力亲为才会成功。

成功的果实，将与您亲自做记录、思考与做结论的诚意，直接成正比。他相信您总不会聪明到亲自阅读《如何保持健美》一书，却将运动这部分交给别人来做吧！如果您想诚心执行他所讲的，结合时间、财富管理与情绪控制的交易公式，切记！无论如何不能将做记录的工作，交由他人代劳。

从事投资或投机，想要立于不败之地，就必须要有指标来引导。他运用的指标也许对他人而言毫无价值，何以如此？如果这些指标于他是无价的，为何它们无法对您发挥同样的功效？答案是：没有任何一项指标，可以做到百分之百的正确。如果他使用了一个最常用的指标，他知道结果应当如何。如果股票表现不如他的预期，他立刻就能确定时机尚未成熟，而他会将这笔买卖结束。也许几天后，指标会告诉他可以再度进场了，这时他会再进场。也许这次就百分之百正确了。

◎ 解决方案

不管任何人，只要肯花时间耐心研究价格变动，假以时日必能发展出一套属于他自己的指标，用以帮助自己日后的投资。

◎ 交易记录应该注意哪些事项才能预测未来？

投机者必须改变恶习，并做好记录来了解价格变动，才能预测未来走势。检查自己过去所做的记录，可以用来预测未来。

利弗莫尔经常躺在床上准备就寝时，脑海里却还不断地想着，为什么他无法预见某一个立即会出现的走势变动。次日凌晨天还未亮，他已醒来，心中有了一个新的想法，他等不及黎明的到来，好让他能着手检查自己对过去走势所做的记录，以确定他的新方法是否真的有价值。

在多数情况下，这些新想法都绝非百分之百正确，但是好处是这些新想法都储存在他的潜意识之中。也许，稍后又会有另一个新想法形成，他可以立刻加以验证。时候一到，这些各式各样的想法，就会开始清晰具体呈现，因而发展出一套做记录的方法，并利用这些记录来当他的指引。

投机会让人穷忙。多数从事投机的人在"号子"里流连忘返，成天都有接不完的电话，到了下班时间还有参加不完的行情讨论聚会。报价系统上的画面整日盘踞心头。他们对那一点点的上下变动是如此热衷，以致错失大波段行情。不变的是，当大波段行情大摇大摆地往前走时，绝大多数人总是站在错误的那一方。总想着从一天的价格变动中赚取利润的投机者，永远都无法从下一个重要的市场变动中盈利。想要克服这样的弱点，就必须做股价走势记录，研究您所做的记录，以了解这些价格变动是如何发生的，并且将时间因素很小心地加以考虑。

◎ **解决方案**

利弗莫尔有接近四十年的交易经验，并且根据自己的大量经验，巧妙地培养出个人的直觉。在所有的情况中，通过研究交易记录，线索都十分明显，清楚到好像在对他说话一样。成交量对他而言是十分重要的，他仔细观察卖出股票被吸纳的方式，以及它每天都会遭遇的抵抗情况。对他而言，成交量永远都是关注之所在。

◎ **如何运用交易记录，正确解读资金流向，预测未来方向？**
解读资金流向与股价关系，并运用资金流向研判涨跌。

依照他的观察，多头市场的主要火力就是金钱，有多少弹药可供使用，以及股市投资者的真实态度和情绪，这些人是倾向买进还是卖出股票。他总是尽所有可能跟踪金钱的流向。

利弗莫尔进一步观察到决定行情的，不是数百万人的想法或说法，重要的是他们通过实际买进或卖出行为对行情所产生的影响，这一切会立即反映在报价记录上，问题在于如何解读这些在您眼前一闪而过的种种迹象。

◎ **解决方案**

正如他先前提到过的，他有做价格记录的强烈冲动，它极可能是价格变动的指标。他几乎接近狂热地在做这件事。他开始拼命地想要找出，可以帮助他预测未来走势的起始点。他做记录，深信其中必然蕴含真正的价值，只等他去挖掘出来。这些记录告诉他，只要他愿意用眼睛去看，就可以看到未来重大走势形态的形成。

◎ 如何通过交易记录，整合出自己的思考模式，运用自己的方法来赚钱？

亲自做记录能加强您对股价变动的敏感度。发展出自己的运作模式才会有成果。

利弗莫尔做记录的方法，能对即将要发生的事情产生清晰的想法。但要加入时间因素，记录才能对预测未来重要变动有用处。投资者必须有耐心，才能正确地预测未来的重要走势。

首先，要对个股和板块都十分熟悉。接下来，如果能将所做的记录与时间要素正确地结合起来，您就会有能力确定重要股价变动的来临。只要您有能力正确地解读自己所做的记录，一定能从每一板块中挑出表现一马当先的龙头股。亲自做记录，通过记录股价，以及将"时间要素"列入考虑，您一定会有办法找出许多可以介入以享受急涨的关键点。

◎ 解决方案

您必须亲力亲为训练自己做好交易记录，花时间来研究自己做的记录，依据自己的研究所得，标出抵达关键点的价位，然后需要持续做，需要耐心等到关键点出现。您会发现，关键点的研究会带来令人难以置信的成果。用自己的力量挖掘个人的发现，用自己的方式交易，对危险信号保持警觉，一定会发展出一套属于自己的赚钱方法。

二、如何掌握交易时机赚钱

运用关键点交易，就是掌握优势做交易。掌握交易时机困难的地方在于如何完美地进行，其中人性扮演着重要的角色。

◎ **为何有了正确的选股逻辑，才是能执行的赚钱方案?**

聚焦走势领先的主流股，才可能在股市里赚到钱。顺势操作，不在股价下跌时买股票，不在股价反弹时做空。

对股市走势的研究应聚焦当时最受瞩目的话题上，也就是主流股。行情就在这里，如果您无法从走势领先且活跃的龙头股上赚到钱，就无法在股市里赚到钱。这么做会让您缩小操作范围，比较有掌控力，还可以让您集中精神，并尽最大的努力来操作股票。不要受到贪婪的驱使，以至于想抓住股市的最高点和最低点。

高股价的出现，不代表任何操作时机，高股价绝非卖出持股的时机信号。利弗莫尔说：股价太高，并不代表它不会涨到更高；股价大跌，并不代表它不会跌得更深。他从不在股价下跌时买进股票，也绝不在股价反弹时做空。

◎ **解决方案**

他认为应当针对市场龙头股做交易，和龙头板块中表现最强劲

的股票并肩作战。不要捡便宜货，避开难兄难弟股，您必须和主流
板块中的领头羊、主力介入、表现最强势的股票，保持形影不离。
您还必须留意，有时这只股票不见得是该板块中传统意义上的那只
领导股。有时候，该板块中会出现一只规模较小，且经营完善的股
票来领导行情，也许是因为它推出新产品，所以打败了老牌龙头股。
挑选该板块中走势最强劲的股票，而不是最便宜或在底部等待复活
的股票。

◎**掌握交易时机就能赚钱，由上而下的操盘法，应如何正确
执行？**

由上而下的操盘法，先确认大盘方向，然后检视产业板块、个股
及其姊妹股。检视产业板块，只操作胜算大的强势板块，卖出没有前
景的弱势板块。

通过确认大盘最小阻力线来确定目前整体市场的走向。利弗莫
尔从不使用"多头"或"空头"的用词，因为它们会塑造出一种缺
乏弹性的心态。他使用"最小阻力线"，来判断目前的走向是正面
的、负面的，或是中立的。在执行交易前，一定要查看该股大盘市
场的走势，如道琼斯、纳斯达克或标准普尔。在您交易前最重要的
一件事，就是确认该市场的最小阻力线走向，与自己的交易方向是
否相符。接着查看特定产业板块的走势。先确认板块走势是否在
正确的方向上，最小阻力线可以为您所选定的交易带来利润。最后

查看选定个股与其姊妹股的走势，并且做相互比较。协力车操盘法要求操盘者将属于同一板块的两只股票放在一起观察。

成功的交易首先要对产业板块的走势有深入了解。利弗莫尔表示：随着市场情况调整个人心态，并获取成功的最佳途径，也就是针对产业板块做深入研究，区分出好坏板块。只操作那些有希望的板块，卖出那些没有希望的板块。华尔街一次又一次地上演这一幕，但投资者经常对眼前的强势板块视而不见。他强调说证券交易的最大要点就是研判产业板块。

◎ **解决方案**

他避开弱势板块当中的弱势个股，只操作强势板块中的强势个股。当各项因素对操盘手不利时，操盘手必须根据行情修正自己的预测与仓位，并且快速行动。

◎ **如何掌握关键点的信号，正确采取买卖行动？**

观察姊妹股，运用协力车操盘法搜寻未来发展的线索。交易机会是等来的。

千万不要只看一只股票，一次要看两只，跟踪两只股票。因为属于同一板块的股票，总是一起行动，跟踪两只股票会让您信心大增，您可以想象它们协同前进，彼此肯定。除非有两个坚定的确认，否则出现的信号，就不能当真，您必须亲眼看到姊妹股协同前进，这才是真正的确认。协力车操盘法让利弗莫尔能对他手中的投资，做适当的监控。一旦出手投资，利弗莫尔便会提高"警戒度"，并且持续做出"充分的努力"，不仅每天观察自己购买的个股，也会观察它的姊妹股，用协力车操盘法来搜寻未来发展的线索。

关键点理论让利弗莫尔得以在正确的时机做买进的动作。依照利弗莫尔的定义，关键点代表出手交易的心理时刻，而反转交易点则是趋势反转的标志。他从没有想过要在最低点买进股票，或在高点卖出股票。他要的是在正确的时刻买进，而且在正确的时刻卖出。这样的心态，让他能耐心等候关键点交易情境的形成。如果他正在跟踪的某一只特定个股，没有出现完全吻合的条件，他不会介意。因为他知道另一只他跟踪中的股票，迟早会出现适当的形态。耐心是时机成熟的最大关键。

利弗莫尔一向认为"时机"是一个真实且重要的交易因素。他常常说："思考是赚不到钱的，坐着好好等才能赚钱。"许多人误会这句话的意思，以为利弗莫尔会买进一只股票，然后坐在那里等行情展开。不是这样的。许多时候，利弗莫尔是拿着钱耐心坐着等，等待完美的行情自己出现。当所有条件成熟，情况对他最有利时，他才会在这时候，而且也只有在这个时候，像响尾蛇那般施展致命一击。

◎ 解决方案

这套关键点理论适用于股票交易，也适用于商品交易。他从来没有把关键点交易这个方法，当成是成功胜利的完美捷径，但它的确是他交易策略中的一个重要部分。关键点也可以拿来对大盘或个股行情做心理预测。但是，除非市场确认您是正确的，否则绝对不要采取行动。不要期待市场会跟着您的血汗钱走。在心里面对市场的未来走势做预测是可以的，但您一定要静候市场出现那个确认您判断无误的信号，也只有在这时候，才可以用您的钱去采取行动。作为确认信号的关键点是十分重要的，但您一定得等到它们上场演出才行。

◎ 如何评估自己的研判是否正确？

关键点是一种时机策略，利用关键点掌握股票启动的时机。确认反转关键点，需要成交量放大来确认。

对投机者而言，时机就是一切。绝对没有"如果"股票要启动，只有"什么时候"要启动，还有往哪个方向移动，向上、向下或横向。关键点是一种时机策略，他利用它来进出股市。要定义反转关键点并不容易，他的看法是：它代表市场基本方向的转变。它是新走势开始的完美心理时机，意味着基本趋势的重大转变。

反转关键点出现时，几乎都会伴随着成交量的大增，买进的人会一窝蜂地涌进，与忙着要出场的人，阵阵卖压短兵相接，操作方向相反时亦然。成交量的增加是推断关键点的重要因素，而且成交量一定要放大，关键点才能获得确认。这场买家与卖家的战争，将导致股票的方向反转。这些重要的喷出量，经常使当日成交量比日均量暴增 50 到 500 个百分点。反转关键点通常出现在朝一个方向走了很长一段时间之后，这也是他认为必须相当耐心才能抓住大行情的原因之一。您需要有耐心才能找到真正的关键点。

◎ **解决方案**

利弗莫尔有一套测试的办法。首先，他会送出"探测器"，先买进一小部分，看看这第一笔交易是否正确。他用来确认反转关键点的最后一道测试，是检查产业板块，至少检查同一板块中的一只股票，看看两者的走势形态是否相同。这是他判断自己是否方向正确的最后一道必要确认程序。

◎ **行情是如何在最后爆发的末升段行情之后结束的?**

最大的行情总是出现在走势的最后两个星期。关键反转日是重要信号。

利弗莫尔相信最大的行情总是出现在走势的最后两个星期左右。他称它为最后的狂飙期，商品市场也同样适用。再一次提醒您，投机者必须有耐心，坐在轿子上等。但是，当买卖信号出现时，不管它是好是坏，投机者必须十二万分的警觉，随时采取买进或卖出的行动。

一日反转的信号对他而言是一个强烈的信号，它是一个让他睡不着觉，且提高警惕的信号。这种走法时常出现在长期行情的末端。

一日反转的定义是，当天的高点要高于前日的高点，但当日的收盘却低于前一天的收盘价，而且当日成交量也要比前一天大。

◎ 解决方案

长期来看，除了知识之外，耐心比任何其他单一因素更显重要。知识和耐心是携手并进的。在您买进股票之前，您也必须详加考虑，确定您的仓位一切完善。唯一的买进时机就是知道它会上涨的时候，这时，您手边应该拥有种种对您有利的因素。这样的情形很少出现，身为操盘手的您一定要耐心等待，正确的行情迟早会形成。千万不要因为您手上的证券走势缓慢而感到气馁。假以时日，好股票一定会充分反映其价值的，一定值得耐心等候。

利弗莫尔交易获胜的一大原因是时机正确。他未曾停止探索：改善与研发关键点理论，个人独创的股价创新高操盘法，寻找产业龙头以及最佳产业板块。这些理论都是在累积许多经验和努力后发展出来的。但是，他的苦难和挑战永远都是心理层面的难题。

◎ 操盘手除了掌握交易时机之外，为何还需考虑成交量？

交易清淡时市场无法承受大量卖出的冲击，需在交易活跃的时刻出手才能顺利卖出。

利弗莫尔在每年年初时，总是会将他在股票及商品上的仓位结清。他凝望着经纪公司送过来当年最后一笔的现金，大约 5000 万美元。他对银行经理爱佛列说："不止这个数，有时候市场交易太冷淡，无法承受他卖出的冲击，如果没有什么意外的话，他会在接下来的几个礼拜内陆续卖出股票，所以钱还会陆陆续续放到这里保管。"爱佛列问他什么时候会恢复交易，利弗莫尔回答，可能是二月。

◎ **解决方案**

对于大资金仓位操作，要卖出股票，必须在有成交量时陆续分批卖出，故对利弗莫尔而言，成交量十分重要。他从报价系统记录中，取得成交量数字，仔细观察卖出股票被吸纳的方式，以及每天都会遭遇的抵抗情形。

三、交易过程中的危险信号

危险信号的出现，代表您正在丧失优势。未能持续取得优势的交易，应该尽快退场。

◎ **为何股价从一个高点大幅滑落，一定是事出有因，怎么知道是危险信号？**

没有人知道股价会涨到哪里，会跌到哪里。不要逆势而为。

股市开始向下滑落时，没有人知道它会跌多深。同样的，当股市走大多头时，也没有人知道，涨到哪里才算是尽头。

有几个想法您必须牢记在心，其中之一是绝对不以股价看起来过高作为卖出股票的理由。您可能看着股价由 10 美元涨到 50 美元，因此就认定它的价格过高。然而，这时候您该研判的是，有什么因素会在盈利良好，并且管理完善的情况下，阻止该股股价从 50 美元往上涨到 150 美元？

◎ **解决方案**

许多人在涨势走了一大段后，因"认定股价过高"而做空股票，因此损失了不少财富。反之，千万别因为股价从上一个高点大幅滑落，而买进股票。尽管与过去相比，眼前的股价看来是处于相对较低水平，很可能这样的回调事出有因，说不定此时的股价仍旧严重高估。自高点跌下来时，只要跌幅过大，就是危险信号。

◎ **您经常将耐心用错地方，忽视重大的危险信号，眼睁睁地看着损失扩大吗？**

当危险信号向您招手时，应遵循正确的操作规则。

别死拿着股票直到它变味走调。在获得可观的利润后，您必须保持耐心，但是也不能让耐心演变成一种漠视危险信号的状态。当危险信号在向您招手时，您千万不能忽视它。您既然能耐心地在该股持续上涨时全程持股，这时就必须有勇气以及良好的直觉，尊重危险信号并让到一边去。

利弗莫尔并不是说这些危险信号永远都是正确的，正如先前所提过的，没有任何一项预测股价变动的法则是百分之百正确的。但是，若您能一以贯之地遵守它们，长期累积下来的收获必然十分丰硕。

明智的投机者会对危险信号保持警觉。说来奇怪，多数投机者遭遇到的难题，在于心里存有某种东西，使得他们无法鼓足勇气，在该出场的时候清空自己的仓位。他们总是迟疑，并且在迟疑不决的当口，眼睁睁地看着自己承担更大的损失。于是他们会说，下次反弹上来时，他一定要出场。然而，当下次涨势又起时，他们忘了先前的计划，因为在他们看来，市场现在的表现很不错。谁知道这次的反弹只不过是昙花一现，很快就玩完了，并且继续往下探底，而他们却因为迟疑而身陷其中。如果他们能一贯地使用一种指标，指标会告诉他们该怎么做，不但能省下许多财富，而且还能消除他们的忧虑。

◎ 解决方案

当利弗莫尔见到有危险信号向他招手时，他不与之争辩，先跳出去再说！几天之后，如果一切看来万事顺利，他随时可以重新介入。他因此而省下了许多忧虑和钱财。他是这么想的，好比他正走在一条火车铁轨上，看到一列特快车以每小时 60 英里的速度朝他冲过来，他不会蠢到不跳离铁轨而让火车先过的。等它过去后，若是他愿意的话，随时都可以再走回铁轨上。

◎ **为何正常走势进行中，一旦出现前所未见的不正常回撤，就是危险信号？**

趋势不易改变。趋势中的回调是难免的，但如出现不正常的走势，就不能忽视。

当股票出现明确走势时，它会自动且具有一贯性地，沿着一定的路线走下去。在走势起始之初，您会看到成交量大增，并且一连几天股价有缓步推升的现象。接下来，会出现一个他称为"正常回撤"的走势。在这个回撤出现时，成交量必须比前几天上涨时大幅缩小。

既然这样的回撤是正常的行为，您就不需感到害怕。但若此时出现不正常的走势，就必须谨慎甚至恐惧了。几天之内，走势会重新开始，量也会开始放大。如果走势是来真的，短时间内便可从那个自然的回调中反弹上涨，股价将进入新高。该股应能持续好几天的强劲走势，其间仅会出现幅度轻微的一日回调。它早晚会来到另一个需要正常回撤的价位。当这个回撤出现时，它必须与第一次的回撤情况相同，因为这是当股票有明确走势之时，会出现的自然行为。超越前一个高点，到下一个高点出现的第一波走势，幅度不会太大，但随着时间过去，您会发现它会以极快的速度往上冲。

◎ **解决方案**

在整个走势的行进当中，只能有自然或正常的回撤。一旦突破出现前所未见的不正常回撤，他所谓的"不正常"回撤，是指一天内自当天所创下的极高价回撤 6 点或以上，或者发生了一些会影响股市的不寻常事态时，代表危险信号在向您招手，您可千万不能忽视它。您既然有耐心在该股做自然行进时全程持股，这时就必须有勇气，以及良好的直觉，尊重危险信号并让到一边去。

◎ **为何过度自信与失去戒心都是操盘手的危险信号？**

操盘手失去戒心是危险信号。渴望频繁进出，往往是赔钱的危险信号。

股市永远存在着诱惑，在经历一段时间的成功之后，投资者很容易就会变得失去戒心，过于野心勃勃。这时就需要有充分的常识与清晰的思路，以便能保持清醒。不要纵容自己对整体股市不是完全看多就是完全看空，因为某些特定板块中的单一个股，就是会出现与一般市场趋势背道而驰的表现。尽管其他板块中有某几只股票告诉他，它们的走势已经到了尽头，我们在决定执行手中的交易前，仍应当耐心静待时机的来临。时间一到，这些股票自然会明确地出现相同的信号。这才是他在等候的信号。

◎ **解决方案**

利弗莫尔以前有强烈的欲望想打遍股市无敌手，整天全神贯注的结果，让他付出了惨痛的代价。频繁进出的渴望，压倒了常识与理智。当然，他对第一组和第二组板块的操作，让他赚到了钱，但是，他因进攻信号尚未出现就跳入另一板块，而吐出不少原先的盈利。

倘若您不过度乐观，而且又有清醒的头脑，坚决遵守可靠的交易原则，就能逃过损失财富的劫数。

◎ **为何向下摊平与补缴保证金，都是操盘手的危险信号？**

向下摊平是危险动作。缴保证金，也是危险动作。

无能的投机者所犯下的严重失误真是数不尽，利弗莫尔已经警告过的一项是摊平损失。这是最常见的失策，千万不要向下摊平交易成本。

他从经纪人那里所得到唯一可以确定的信号，就是追缴保证金。当追缴保证金的消息传到您耳朵里时，立刻结清账户，千万不要去补足保证金。

◎ **解决方案**

您在市场已经站错边了，既然已犯错，何苦还要继续将钱好端端往虎口里送？把钱留着冒更有胜算的险吧！

◎ **为何放量反转与异常行为都是危险信号？**

放量反转是危险信号，操盘手应卖出持股。市场的异常行为是危险信号。

反转关键点的出现，几乎都会伴随着成交量的大增，买进的人一窝蜂拥进，与忙着要出场的阵阵卖压短兵相接，操作方向相反时亦然。成交量的增加，是推断关键点的重要因素。成交量一定要出现，关键点才能获得确认。这场买家与卖家的战争，将导致股票的方向反转。这些重要的喷出量，经常使当日成交量比日均量暴增 50 到 500 个百分点。

他总是对市场上脱离常轨的行为留意观察。对他而言，任何不符合自然表现的严重偏差，都算是脱离常轨。他关切尖头反转时的股价变化，以及量太大或量太小，所有脱离常轨的表现，以及不正常或不符合个股正常表现的走势。对他而言，这些都可能是危险信号，而且通常是必须卖出仓位的信号。

◎ 解决方案

一日反转的信号对利弗莫尔而言是一个强烈的信号，一个让他睡不着觉且提高警惕的信号。这种走法时常出现在长期行情的末端。他对一日反转的定义是，当天的高点要高于前日的高点，但当日的收盘却低于前一天的收盘价，而且当日成交量也要比前一天大。

◎ 为何全部买在同一价位和股价表现与预测相违背，都是危险信号？

全部仓位都建立在单一价位上，是危险信号。股票的表现与他预测相违背，是危险信号。

把全部的仓位都建立在单一价位上，是错误而且危险的行为。先决定好总共要交易多少股后分批买进，非常重要的一件事是，每一笔加码买单的价格，都要比它的前一笔高。同样的规则当然适用于做空，只不过每一笔空单成交价，都得低于它的前一笔。

如果买进一只股票后，它的表现却与他想的相违背，他当然就会立刻卖掉它。您不可以停下来想着它所以朝反向走的"理由"。事实上，它正往错误的那边走，有经验的投机者光凭这点就该结清出场了。

◎ **解决方案**

如果总买进仓位是 1000 股，那么分批买进的每一笔交易，都要为投机者带来一份利润才行。每一笔交易都赚钱，是您基本判断正确无误的证明，股票确实往正确的方向走，这也是您唯一需要的保证。相反地，如果是在赔钱，您立刻就知道自己的判断错了。

◎ **如何运用姊妹股操盘法与协力车操盘法，来跟踪股票未来发展线索及危险信号？**

一次跟踪两只股票，从互相确认中跟踪未来发展的线索。确认信号，能够增强操作的信心。

千万不要只看一只股票，一次要看两只，跟踪两只股票。因为属于同一板块的股票总是一起行动。跟踪两只股票会让您信心大增，您可以想象它们协同前进，并彼此相互肯定。除非有两者相互确认的情况，否则出现的信号就不能当真。

◎ **解决方案**

您必须亲眼看到姊妹股协同前进，这才是真正的确认信号。协力车操盘法让您能对手中的投资做适当的监控。一旦出手投资，就应提高警惕度，并持续努力跟踪，不仅每天观察自己购买的个股，也要每天观察它的姊妹股，用协力车操盘法来搜寻未来发展的线索。类似的情况，若是投资标的出现危险信号，同时它的姊妹股也出现危险信号，这就确认了反转的可能性大大地增加了。

◎ **为何真实与想象的盈利能力都能影响股价，想象的盈利能力是危险信号吗？**

真正影响股价背后的原因。盈利潜力也是股票的动能。

利弗莫尔的儿子们曾问他一个重要的问题："为什么您在股市里做得那么好，而其他的人却总是赔光了钱？"他回答："我也会赔钱。只不过每次赔钱时，我都会试着找出自己赔钱的原因。股市是需要费心去研究的，不是随随便便就可以的，必须是非常深入实质的内容。"

在最终的分析结果中，只有盈利能力才能左右股价。但无论是真实与想象的盈利能力都能影响股价。真实的情况到头来总是会为产业板块或任何特定个股的价格做出结论。盈利潜力会带动股票走势，但希望和贪婪这些情绪不会让股价上涨。

◎ **解决方案**

利弗莫尔的看法是，大多数人会费较多的心力去采购家中的设备或买车，买股票时却省心多了。股市赚钱又快又容易的诱惑，使得人们在处理自己的血汗钱时，变得愚蠢又大意，完全不像他们处理其他实质存在的东西那样。

若是有根据的想象盈利，不是危险信号。但若是听别人或媒体说，或是因贪念而来的想象盈利，那可能就是危险信号了。

◎ 为何优势板块中的弱势股与股票越过关键点后不如预期，都是危险信号？

优势板块中的某一只个股没跟得上其他股票上涨，是危险信号。股票越过关键点后的表现不如预期，是危险信号。

观察产业板块的集体行动，如果优势板块中有某一只个股没能与其他股票联袂上涨，那么很可能这只股票是有问题了，因此它或许是很好的做空标的。

在关键点买进，是"恰好在行情即将展开时"介入交易的最佳时机。当投机者能确认某一只股票的关键点，并且判读它在这一点上的应有走势时，他在这时候介入，会是从一开始就正确的行为。记住，采用关键点预测行情时，如果股票越过关键点后的表现不如预期，那么它就是您必须立刻给予关注的重要危险信号。每次利弗莫尔失去耐心，没有等候关键点的出现，进进出出地想赚点得来全不费工夫的利润时，他总是赔钱。

◎ **解决方案**

操盘手应该对手上没有跟上整体板块涨势的股票保持戒心。采用关键点预测行情时，如果股票越过关键点后的表现不如预期，这就是危险信号，必须立刻退出。

◎ **对市场走势要保持各种可能性的看法，逆向的偏见是危险信号吗？**

使用看多与看空的字眼，避开偏见的情绪。使用向上、向下或横向的语词，让自己保持弹性。

利弗莫尔从不使用"看多"或"看空"这类的字眼，因为他认为这些字会在投机者心中形成一种特定市场走势的情绪心态。空头和多头这种字眼，会使操盘者拥有一种固定的心态，很可能投机者会在很长的一段时间内，盲目地追随那个趋势或方向，即便事实已有所改变。

他发现定义明显的趋势不会延续得太久。如果有人来问他要明牌，他会说市场目前的趋势是"向上"或"向下"或"横向"，要不然他也会对他们说，目前的"最小阻力线"是向上或向下。

◎ **解决方案**

他试着绝不去"预测"或"预期"市场的表现。他只是针对所看到的市场表现做出反应。他是少数从不介意市场会往哪个方向走的投机者之一，他只是沿着最小阻力线前进。他被称为"华尔街巨熊"的部分原因，在于没有多少投机者像他这样，拥有说服自己做空的能力及站到市场反方向的勇气。

◎ **沿着最小阻力线操作才能赚到钱，这种顺势操作可能会是危险信号吗？**

操盘手要有多空操作的能力。沿着最小阻力线顺势操作。

利弗莫尔发现寻找长期趋势主要转折点(反转关键点)的能力，是股市操盘手最重要的技能。他也相信，只要能掌握完美的心理时刻，在景气和恐慌时期进出股市，就可以大赚其钱。因为成功的操盘手必须顺着市场行进的方向交易，沿着最小阻力线的方向操作。

不管做多或做空，对他都不是问题，因为多空的操作逻辑都相同。股市有三分之一的时间向上，三分之一向下，另有三分之一横着走。

◎ **解决方案**

如果利弗莫尔因为股票作头而卖出多方仓位，那么站到这只股票的空方位置就容易了。他不像某些人那样对股票有感情。举例来说，如果他做多通用汽车赚了钱，他也不会对通用汽车产生感情。这只股票只不过做了他认为它会做的事。若因通用汽车下跌而能赚到利润，那就必须做空，他会不带感情地下手这么做，股票毕竟没有生命，他对它没有感情，没有所谓的好股票和坏股票。对投机者而言，只有会赚钱的股票。

沿着最小阻力线操作不会是危险信号，但是若是正向最小阻力线逆转方向时，则应沿着反转后的最小阻力线操作，此时若仍是依照原本正向的最小阻力线操作，那就会是危险信号了。

◎ **为何在股市极度悲观下，进行回补空单的反向操作，是危险信号？**

极度悲观的位置，往往是起涨点，极度乐观的位置却是起跌点。量价关系对于研判行情具有重大的意义。

当一切看来凄风苦雨时，惊慌失措的气氛总是驱使利弗莫尔去做多；相反，当一切看起来完美乐观时，他总想到也许该去做空了。他走在其他人之前，看到别人看不见的事情，这正是他秘密行事、不和可能改变他个人看法的人交谈的重要原因。

利弗莫尔根据自己大量的经验巧妙地培养出个人的直觉。成交量对他而言是十分重要的，他仔细观察卖出股票被吸纳的方式，以及它每天都会遭遇抵抗的情况。有人说他不在乎成交量，其中有一些人是因为来过他的办公室，却没看到成交量的记录，所以才相信这样的说法。他通常会将成交量数字记在脑子里，要不然就是在收盘时才查看当天的记录，而他的办公室经理也会将他特别感兴趣个股的最后成交数量，写在一本重要的笔记本上。

◎ **解决方案**

利弗莫尔非常幸运地看准了 1907 年的大崩盘，恰恰就在最后崩盘的那一个小时。摩根派来一位特使，请他不要继续做空，这令他受宠若惊，而他也照做了。在那个他最辉煌的一日，他在一天之内就赚进了三百万美元。他也很幸运地在 1921 年经济衰退时期，在股市最低迷的阶段，他决定进场做多。

极度悲观下进行买进的反向操作，一般可能是危险信号。但是若是反向操作是在股价没有再创新低的情况下，则反向操作不是危险信号。

四、主流股选股策略

操盘过程中最重要的两件事，选股策略与买卖时机。利弗莫尔的选股策略是结合主流股操盘术与关键点操盘术，两者合二为一的策略。

◎ 为何选股的首要策略是找寻股价创新高或创新低的股票？

股价创新高处是关键点，因上档已无套牢卖压。反转关键点意味着基本趋势的重大转变。

有一只最近两三年才上市的股票，其最高价假定为 20 美元，而且这个天价创于两三年前。如果这时发生对公司有利的事情，并且股价开始往上走，那么在它突破高价时，买进该股通常十分安全。

关键点是一种时机策略，利弗莫尔利用它来进出股市。要定义反转关键点并不容易，他的看法是：它代表市场基本方向的转变，它是新走势开始的完美心理时机，意味着基本趋势的重大转变。

◎ **解决方案**

对利弗莫尔个人而言，他从不会因为股价太高就不买进，也不会因为股价太低就不做空。等候持续关键点的信号出现，它给他建立新仓位或继续加码的机会（如果他已建立仓位）。不要苦苦追求已离您而去的股票，就随它去吧。他情愿等到股票重整旗鼓并形成新的行情持续关键点，就算付出比较多的钱也无所谓。因为行情持续关键点提供了一份保证与确认，行情极有可能会持续走下去。它让股票得到一个喘息和整理的机会，同时也借机让市盈率和业绩能赶上股票表现。这套关键点理论也可以用来成就做空操作。他跟踪那些过去一年来股价持续创新低的股票。如果他们形成一个"失效的关键点"，也就是说，如果它们从这个新低价反弹后，接着再跌破这个新低价，那么极可能它们会持续破底往下走。

◎ **为何主流股操盘术，是利弗莫尔操盘术的核心选股策略？**

追随主流板块中的龙头股，避开弱势股。不在回撤时买进，也不在反弹时做空。

您必须留意，这只强势股不见得是该板块中过去的那支龙头股。有时候，该板块中会出现一只规模较小且妥善经营的股票来领导行情，也许是因为它推出的新产品，打败了老牌的龙头股。不要从难兄难弟股中捡便宜货，您必须和主流板块中的领头羊，以及表现最强势的股票形影不离。

利弗莫尔认为应当针对市场龙头股做交易，和强势板块中表现最强劲的股票并肩作战。挑选该板块中走势最强劲的股票，而不是最便宜或在底部等复活的股票。成功的操盘手永远遵循最小阻力线，也就是遵循趋势，记住趋势是您的朋友。

◎ **解决方案**

股价太高，并不代表它不会涨到更高；股价暴跌，并不代表它不会跌得更深。利弗莫尔从不在股价下跌时买进股票，也绝不在股价反弹时做空。因为下跌的时候，您不会知道最后的终点在哪里。买高卖更高，就是顺势操作。

◎ **为何要沿着最小阻力线的方向来选股?**

趋势进行时，要站在人多的那一边才能赚钱。趋势转变时，要脱离群众，反向操作才能赚到钱。

一般投资者需要别人来领导、接受指示，让他人告诉自己该怎么做。他们总是一起行动，因为他们需要同伴带来的安全感。他们害怕一个人独处，他们认为身在团体中比较安全。事实也正是如此，跟随趋势移动的确比较安全。利弗莫尔总是沿着最小阻力线操作，也就是跟随趋势操作，所以在多数时间里他是和群众一起行动的。

当"趋势转变"开始发生的时候，也就是整体市场方向要改变的那个时候，才是最难掌握的部分。利弗莫尔总是努力寻找改变的蛛丝马迹，但他也总是做好准备，随时要让自己脱离众人的集体想法，而往相反的方向走，因为他相信风水轮流转，就像人生有起有落。

◎ **解决方案**

任何认为成功依赖运气的人最好离股市远一点，这样的人打从一开始就抱着错误的态度。所有人都必须认清，想在股票市场显露身手，和从事法律与医学行业一样，必须做足研究和准备。股票市场的一些特定规则必须仔细研究，就像法学院学生准备上法庭那样。许多人将他的成功归功于运气，这不是真的。事实上利弗莫尔从十五岁开始就一心一意地研究这门学问，他把整个生命都奉献给了它。

◎ **根据眼前的利好消息来选股，为何经常会赔钱？**

市场总是走在消息出来之前。听财经专家的评论是赚不到钱的。

想根据眼前的经济消息或时事来预测市场走势，都是愚蠢的行为，因为市场早已把这些因素都考虑在内了。但这并不代表利弗莫尔忽视这些事实，或不知道它们的存在，他对所有的世界大事、政治事件和经济事件都知之甚详，但这些事实不是他可以拿来"预测"市场的事实。

在市场走完之后，财经专家会把它们"合理化"成种种的后见之明。当一切尘埃落定后，历史学家会把这些经济、政治等世界大事解释成造成市场如此这般的真正理由。但这时候想要赚钱已经太晚了。

◎ 解决方案

企图寻找市场走势的背后原因，通常只会徒增情绪困扰。一个显而易见的事实是，股市总是走在经济新闻的前头，它不会随经济消息起舞。股市活在未来，而且根据未来在运作。例如，有一家公司公布了很棒的盈利数字，但股价却下跌了，为什么呢？因为市场早已将那些盈利数字考虑在内，反映在股价上了。

◎ 要如何运用正确的逻辑来选股，才能找到赚钱的股票呢？

避开廉价的股票，挑选健康强劲的产业板块。

连有经验的投机者也会常犯的一个大错误就是，买进廉价的股票，就只因为它们的价格低。虽说在某些情况下，股价在需求的推升下，的确有可能从 5 或 10 元的低价上涨到超过 100 元，但大多数这类的低价股没过多久便会被列入清算管理，为世人所遗忘。再不然也只能年复一年苟延残喘，股东们指望回本的希望十分渺茫。

对投资者而言，选股时的首要之务是找出前景最看好的产业板块，区分出哪些板块气势最强，哪些则相对不那么强劲、比较弱，或是相当疲弱等等。投机者不该只因为这只股票看起来很便宜，便一头栽进夕阳产业板块中的廉价个股。

◎ **解决方案**

目光要放在健康强劲的产业板块身上，追逐主流股，并且挑选强势股。

◎ **如何正确执行追随最强势板块中的龙头股，避开廉价或走势落后的股票呢?**

专注最强势产业的最强势股。市场的主流股变更时，要跟着变更。

投资任何一只股票都要求至少有机会赚到十点的利润。专注在最强势的产业板块，并且从这些产业板块中找出最强势的股票。将"点数"看成交易中的关键，他对低价股和高价股没有偏见。他只知道，当一只股票由 10 元上涨到 20 元时，它代表盈利 100%，而另一只股票由 100 元上涨到 200 元，总值也同样增加了 100%。重点在于找出目前的主流股，并且辨别出在一边等着取代眼前主流股的未来新领导者。

◎ **解决方案**

在市场方向产生重大转变的那段时间，最要紧的一个观察重点在于辨别会被淘汰的主流股，并且找出会在未来引领风骚的新主流股。依照他个人的观察，最好的方式是追随最强势板块中最强势的股票，不要看那些廉价或走势落后的不入流股票。

◎ **避开长期不动的股票，把钱投资在龙头股身上才能赚到钱，但要如何执行呢?**

淘汰弱势股转换到强势股，是赚钱的前置作业。把钱押注在龙头股才是对的。

利弗莫尔在交易生涯后半程，研发出自己的一套着重股票交易时机的操作理论。通过快速移动，避开股票长期搁浅动弹不得的窘境，资金也因此活跃了起来。就像杂货店老板，手上有一样滞销货品一直放在货架上。明智的老板会出清那样商品，然后用那笔钱去购进卖得出去的货，那是市场上热销的货品。

◎ 解决方案

把钱投资在龙头股身上，投资那些会动的股票。时间是股市操作中真正重要的因素。

◎ 在选股策略上，为何同时买入太多种股票，容易导致赔钱呢？

同时买入太多种股票，无法照顾，是造成混乱看不清盘势的主因。

不要想一网打尽，不要在同一时间内买入太多种股票。同一时间操作许多只股票绝对很不安全，它会让您感到混乱和迷惑。几只股票比一大堆股票更容易打理。利弗莫尔以前从不这么做，但他有强烈的欲望想打遍股市无敌手，整日进进出出的结果，让他付出了惨痛的代价。频繁进出的渴望压倒了常识与研判。他对第一组和第二组板块的操作赚到了钱，但是，因进攻信号尚未出现就跳入另一板块而吐出不少原先的盈利。他犯过这样的错误，而且也损失了不少钱。

◎ 解决方案

进出太过频繁及同时交易太多种股票，都是交易过度。不要纵容自己对整体股市的看法，不是完全看多就是完全看空，因为某些特定板块中的单一个股，就是会出现与一般市场趋势背道而驰的表现。尽管其他板块中有某只股票告诉他们，它们的走势已经到了尽头，在决定执行手中的交易前，仍应耐心静待时机的来临。时间一到，这些股票自然会明确地出现相同的信号。这才是他们应该等候的线索。

◎ 为何以偏概全的选股策略，容易造成赔钱？

不是所有的股票，都会在同一个时间走到尽头，因此投资市场里的逻辑，没有以此类推的道理。

利弗莫尔说：回想二十世纪二十年代末期那个多头狂奔的时期，他很清楚地看到铜矿股的涨势已到尽头。没多久，汽车板块也走到了最高点。由于这两个板块的多头已死，他很快就得出一个错误的结论：可以开始放心大胆地做空所有股票。

他于是依此错误结论操作，结果损失了大量的财富，让他事后耿耿于怀。他从铜矿及汽车板块收割的财富，远不及接下来那六个月为寻找公用事业板块头部所损失的金额。最后，公用事业板块和其他板块的确也掉头而下。当时，安纳康达自高点下滑了50点，汽车板块的跌幅比例也相去不远。

◎ 解决方案

当您清楚地看到某一板块的变动时，就操作那个板块。绝对不要让自己拿这一套去操作其他的板块，除非您清楚地见到后者也出现同样的信号。要有耐心，且要能等待。假以时日，第二板块会像第一板块那样给您相同的暗示，但就是不能以偏概全。

1929 年大萧条时期的那一次，利弗莫尔太早翻空了。他看到汽车板块掉头向下便立刻开始做空。在他找到正确的反转关键点、看到其他领导股也翻转向下并一路跌落谷底之前，他的损失超过25 万美元。他在当时那个正确时刻大举做空，并加码所有的空方仓位。在 1929 年市场崩盘期间，赚到了前所未见的大笔财富，他甚至于被媒体和一般大众归罪为崩盘的元凶。他说：这完全是胡说八道，没有任何一个人能够让市场做出它不想做的事。

▶ A 股案例

根据前面"操盘经典"案例中的说明，当高点急跌达一成时，就是危险信号。图 3-2 中，中贝通信日线和周线中，股价自高点50.63 元下跌一成，约在 45 元。

利弗莫尔说：当危险信号出现时，我二话不说，立即执行卖出

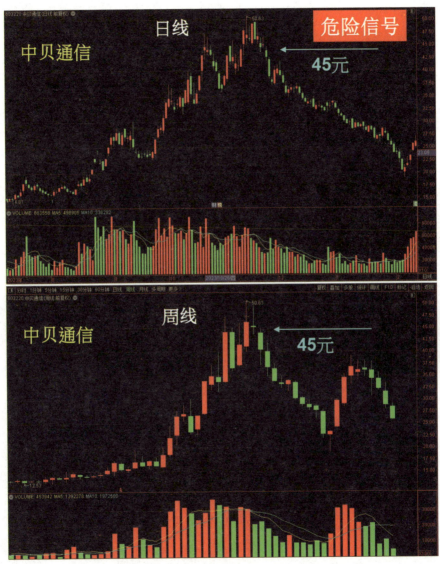

图 3-2 利弗莫尔说明的危险信号，用 A 股案例来解读

的操作。

这里说明了操盘过程中危险信号的重要性。

▶ 操盘心法总结

本章所说的股票的买卖时机，就是在谈股票到底在什么价位买，什么价位卖，什么时间买，什么时间卖，其实这就是所谓的交易时机。关于交易系统操作，指的是关键点操盘术。这一章主要谈的就是买卖过程中的投资策略以及投资逻辑，下一章要谈的是关键点操盘术，就是什么价位买或卖，什么时间买或卖。

在第一节中，一开始强调的是交易记录与亲力亲为。股票买卖时机的技巧从交易记录开始。了解到交易记录的重要性，如何做交易记录，还要懂得如何利用交易记录来检视自己过去的错误，以及如何纠正自己的错误。第二节掌握交易时机赚钱，主要说明的是投资策略以及投资逻辑，有关操盘的买点与卖点如何辨别。如何下单买卖会在下一章关键点操盘技巧中仔细说明。第三节的危险信号，主要是在说波段操作卖出时机。要卖在波段结束的地方，就必须能够辨别危险信号，还有在交易的过程中，当危险信号发生的时候，就必须了解到如何处置。危险信号包括了两种：一种是价格的波动以及财经信息的影响，另一种是操盘人员自己本身的行为出现了危险信号，这些都是告诉我们交易者必须退场观望。

价格的波动以及财经信息的影响，例如：

（1）上涨波段突然跌幅开始扩大。

（2）上涨波段持续出现利多消息，但股价无法创新高。

（3）股市开始向下滑落时，没有人知道它会跌多深。跌太多时买进。

操盘人员自身行为的影响，例如：

（1）股票越过关键点后不如预期。

（2）向下摊平或补缴保证金。

（3）操盘手过度自信与失去戒心。

微信扫码观看，齐克用讲解动态 K 线操盘术要领

— 第四章 —

关键点操盘技巧

▶ 导读

只有将利弗莫尔描述的操盘术从静态转化为动态，才能活学活用利弗莫尔操盘术赚到钱。很多读过利弗莫尔书的人，都把他描述的操盘术看成静态的，实际上他的描述是动态的。在接下来的"操盘经典"中的案例就是最佳的说明。

利弗莫尔在记录他操盘生涯前半段的《股票大作手回忆录》中，多次谈到直到交易系统建立完成，才开始稳定操作。但是整本书只在旧金山大地震之前，说到运用总体经济投资大环境设立系统，除此之外找不到关于交易系统的说明。在这本书中有很多整数关卡操盘案例，但从来没有关键点技巧的用词。

利弗莫尔在操盘生涯的后半段亲自手写的《股票大作手操盘术》，总共十章，第五章是关键点技巧，第六章是交易系统规则的投资逻辑与基本原则，第七章是未按照关键点技巧交易失败的案例，第八章是按照关键点技巧交易成功的案例，第九章是关键点技巧交易系统的规则，第十章是手稿，运用六栏记录所做的交易记录，按照第九章规则寻找关键点。整本书十章中有六章在讲交易系统。很多追随利弗莫尔操盘术的专家说，利弗莫尔没有运用交易系统，这种说法不正确。本章分成三节来说明，每一节中提问的主题如下：

（一）关键点是买卖时机

为什么趋势中股价创新高时，就是进场时机的关键点？

为什么在趋势明确的情况下，利多或利空无法影响走势，应关注市场本身的表现？

为何需要耐心等待关键点出现，在走势启动的时刻进场？

耐心等待关键点出现后，如何在正确买卖时机做交易？

如何正确运用关键点，找出正确的交易时机？

为什么要发展出一套适用于自己的关键点操盘技巧，才能赚到钱？

为什么股票突破整数关卡时，是进场交易的关键点？

（二）关键点的价格行为

您对于会涨的股票没有在底部启动时买进，就不想再追涨买进了吗？

为何运用成交量确认反转关键点，可以决定进场交易时机？

行情持续关键点出现，是进场信号再现吗？

为何持续关键点是加码的好时机？

（三）辨别真突破假突破

为何突破整理区间并创新高，是买进时机？

为何越过关键点后变得欠缺力道，就是假突破？

为何正确掌握关键点介入，就能打从一开始就赚钱，并能熬过股价的波动？

价格来到关键点时，怎么买？如何加码？当下哪些是观察重点？

为何操盘手应依事实反应，而不是根据预测做出动作？

为何股价无法有效跨越关键点时是假突破的危险信号？

为何突破或跌破区间整理的高低点，是关键点的介入点？

▶ 操盘经典

◎ 动态操盘术案例，股价在关键点价位时的买卖时机。

大幅振荡区间形成后的关键点位置。看盘重点与关键点的下单时机。

如图 4-1，当一位投机者能确定某一只股票的关键点，并且能

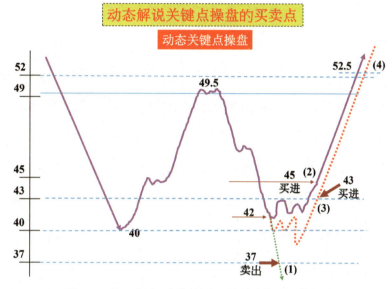

图 4-1　往下止跌后图解说明四种关键点的买卖信号

判断在那一点上应有的走势时，他对这一只股票的买入，会从一开始就正确，这一点是对该次买入的正面确认。

以下案例是对图 4-1 的说明。如果某一只股票已经往上涨了一段时间，并且回调来到了 40 美元的低点。几天后反弹到 45 美元。接下来的一个星期内，它在上下数档的区间内来回振荡。再后来，它扩大涨幅，来到 49.5 美元的价位。一连几天，市场变得沉闷且没有什么表现。接着有一天，它突然再度活跃起来，向下探低 3 到 4 点后接着持续往下走到接近 40 美元这个关键点价位。

此刻正是他们最需要密切观察的时点：（1）如果这只股票真

要再度往下走，那么在它出现另一个明显反弹之前，它会跌到 1 处 37 美元达 3 点以上的幅度，此时卖出。（2）如果它没有跌穿 40 美元，这就是指标，他们在股价由此次回调低点起算，反弹 3 点到 2 处立即买进。（3）又假设 40 美元被跌破，但其跌破幅度未达 3 点，那么他们应当在股价弹升至 43 美元 3 处买进。（4）不管发生上述两种情况中的哪一个，绝大多数情况下您会发现，它们的出现代表着一个新趋势的开始，如果这段新趋势真的会出现正面的结果，这只股票会持续上涨，并且超越关键点 49 美元以上到达 4 处。

一、关键点是买卖时机

赚钱之道，在于知道何时应该出手，并在哪里出手。

◎ **为什么趋势中股价创新高时，就是进场时机的关键点？**

不要在回撤时逆势买进或加码。趋势进行中回撤后再创新高时，就是持续关键点启动，应加码买进。

利弗莫尔绝不在股票回调时买进股票，也绝不在股票反弹之时做空。此外，还有一个重点：如果您的第一笔交易已经让您蒙受损失，再做第二笔交易也不过是有勇无谋。

当他从记录中看出上涨趋势在酝酿时，他会在这只股票经历一段正常回调走势之后，再创新高价时，立刻买进。当他要做空时，做法亦同。为什么呢？因为他顺势而为，他的记录对他发出信号，要他采取行动。

◎ **解决方案**

当一位投机者能确定某一只股票的关键点，并且能判断在那一点上应有的走势时，他对这一只股票的买入，会从一开始就正确，这个点是对该次买入的正面确认。

◎ **为什么趋势明确时，利多或利空无法影响，应关注市场本身的表现？**

市场走势明确时，特定新闻起不了作用。不要因为股价太高而不敢进场。

市场若在一段时间内走势一直很明确，这时的一则利多或利空消息可能都无法在市场上激起半点涟漪，或者仅仅只是暂时性的影响。这时的市场可能正处在一个过热的情况中，特定新闻的效应当然无人理睬。

碰到市场正处在一个过热的情形时，过去类似情况所做的走势记录，对从事投机或投资的人来说，便有了非常宝贵的价值。在这个时候，投资者必须完全摒弃个人意见，将全部注意力投注在市场本身的表现上。

◎ **解决方案**

市场永远不会错，个人意见则常常都是错的。除非市场的表现与您的想法相符，否则个人的意见完全没有价值。

◎ **为何需要耐心等待关键点出现，在走势启动的时刻进场？**

缩手不动等待关键点。来到关键点一出手总是满载而归。

利弗莫尔说：每一次只要保持耐心等待市场来到关键点才下手交易，总是能赚到钱。原因何在？因为他恰好在走势启动的心理时刻进场。他从不担心会有损失，理由很简单，在指标招呼他时，立刻采取行动，并且开始建立仓位。

从那时候开始，他唯一要做的事情，就是坐稳并且让市场按自己的路走。他知道只要能做到这一点，盈利了结的信号会在适当的时刻出现，招呼他出场。只要他有等待到信号出现的胆识和耐心，走势也会屡试不爽地配合演出。

◎ **解决方案**

关键点理论让利弗莫尔得以在正确时机做买进的动作。依照利弗莫尔的定义，关键点代表出手交易的心理时刻，而反转交易点则是趋势反转的标志。他从没有想过要在最低点买进股票，或在高点卖出股票。他要的是在正确的时刻买进，而且在正确的时刻卖出。这样的心态让他能耐心地等候到关键点交易情境的形成。如果他正在跟踪的某一只特定个股，在没有出现完全吻合的条件之前，他不会介意，因为他知道迟早会有另一只跟踪中的股票出现适当的形态。

耐心是时机成熟的最大关键。

◎ **耐心等待关键点出现后，如何在正确买卖时机做交易？**

运用关键点建立仓位。运用关键点技巧寻找买卖时机。

每当利弗莫尔没有在接近走势启动的时刻就介入，总是没能得到多少好处。理由是他错过了那足以作为靠山的那一笔利润，这一段盈利是让您有勇气并且有耐心，赚足整个波段涨势所不可或缺的。它让您忍受得住整段行情结束前，必定会随时出现的轻微上下振荡。

◎ **解决方案**

利弗莫尔一向认为"时机"是一个真实且重要的交易因素。他常常说："思考是赚不了钱的，坐着好好等才能赚钱。"许多人误会这句话的意思，以为利弗莫尔会买进一只股票，然后坐在那里等行情展开。不是这样的。许多时候，他是拿着钱坐着耐心等，等待完美的行情自己出现。当所有条件成熟、情况对他最有利时，他就会在这时候，而且也只有在这个时候，像条响尾蛇那般地施展致命的一击。

◎ **如何正确运用关键点，找出正确的交易时机？**

关键点指引出交易获胜的正确交易时机。反转关键点指引出最小阻力线的转变。

利弗莫尔交易获胜的一大原因是时机正确。他未曾停止探索：改善与研发关键点理论，个人独创的股价创新高操盘法，寻找产业龙头以及最佳产业板块。这些理论都是在累积许多经验和努力后发展出来的。但是，他的苦难和挑战永远都是心理面的难题。

他认为股市会一直沿着最小阻力线行进，直到它遭遇到一股一开始无法察觉但慢慢地转变成无法抗拒的阻力，这时它原先的向上或向下走势便会停止。只有在这些关键点位的重要关头，才能真正赚到钱。他称它们为关键点。当它们出现的时候，未经训练的操盘手要看出它们是很困难的。假以时日它们完全形成时，会变得比较明显，但此时市场已明显转向了。

◎ 解决方案

技巧纯熟的股市操盘手就是要辨别出最小阻力线，并且与这些关键点联袂行动，在完美的心理时刻建立仓位。通常在此时会有特定产业板块陨落，而新兴的产业板块会冒出头并受到追捧。

◎ 为什么要发展出一套适用于自己的关键点操盘技巧，才能赚到钱？

关键点理论是交易策略的重要部分。要靠自己的关键点方法赚钱。

这套关键点理论既适用于股票交易，也适用于商品交易。利弗莫尔从来没有把关键点交易的这个方法，当成是成功胜利的完美捷径，但它的确是他交易策略中的一个重要部分。关键点也可以拿来对大盘或个股行情做心理预测。但是，除非市场确认您是正确的，否则绝对不要采取行动。不要期待市场会跟着您的血汗钱走。

有关于关键点的研究，简直是令人目眩神迷，但您会找到个人研究的黄金领域。根据您自己的判断所完成的成功交易，会给您带来奇妙的喜悦与满足。您会发现用这种方式盈利，比听信明牌或他人指点赚钱更令人雀跃万分。如果您凭一己之所见出手交易，运用耐心，并且警惕着危险信号，那么您就会发展出一套适当的想法。

◎ 解决方案

在心理层面对市场的未来走势做预测是可以的，但您一定要静候市场出现那个确认判断无误的信号，也只有在这时候，才可以用自己的钱去采取行动。作为确认信号的关键点是十分重要的，但您一定得等到它们上场演出才行。

◎ 为什么股票突破整数关卡时，是进场交易的关键点？

整数关卡处是关键点中的一种。突破整数关卡后，走势将又急又陡。

多年前，利弗莫尔开始利用最简单形态的关键点交易，在股市中盈利。他发现当一只股票的价格来到 50、100、200 或 300 美元时，几乎千篇一律地会在过了这些关键点后，展开一段又急又陡的涨势。

他第一次尝试利用这些关键点盈利，是交易老牌的安纳康达（如图 4-2）。当报价来到 100 美元时，他立刻下第一张单子，买进 4000 股。这张单子直到几分钟后，成交价上涨到 105 美元时才全部成交。当天的收盘价 115 美元，高出 10 美元以上。隔天它仍旧狂涨而上。在短短的一段时间内，它持续上涨到超过 150 美元，其间仅有数次幅度为 7 或 8 点的正常回撤。关键点 100 美元的价位从未遭受任何威胁。从那时候开始，只要有关键点出现，他鲜少不大显身手一番的。当安纳康达来到 200 美元时，他故技重施并大赚一笔。后来它上涨到 300 美元，他如法炮制，但这次它无法真正有效跨越关键点，而是在 300 美元的整数关卡形成了假突破。

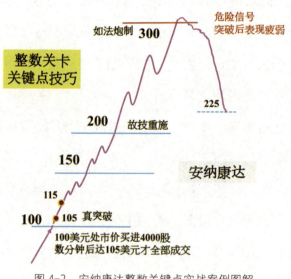

图 4-2　安纳康达整数关键点实战案例图解

◎ 解决方案

使用关键点预测市场走势时，必须牢记的一点是：当股票越过关键点之后，就应该展现应有的表现，但若无法立即有效突破，则应视之为危险信号。操盘过程说明，参考图 4-2。

二、关键点的价格行为

噪声无法影响主趋势，但那些无知的投机者，看得到噪声却看不到主趋势。无论股价如何用心对投机者说真话，但看不见的人，还是看不见。

◎ 您对于会涨的股票没有在底部启动时买进，就不想再追高买进了吗？

买在关键点突破时，而非在底部区。关键点买进能够获得承受振荡空间的靠山。

每当利弗莫尔没有在接近走势启动的时刻介入，他总是没能得到多少好处。理由是他错过了足以成为靠山的那一笔利润，而这一段盈利是让您有勇气并且有耐心，赚足整个波段涨势所不可或缺的基础，它让您忍受得住整段行情结束前必定会随时出现的轻微上下振荡。

◎ 解决方案

通过记录股价以及把"时间因素"的列入考虑，您一定会有办法找出许多可以买入享受急涨的关键点。但是，您得训练自己具备在这些时点上做交易所必需的耐心。您必须牺牲时间来研究自己所做的记录，而且一切都要亲力亲为，依据自己的研究所得标出抵达关键点的价位。您会发现关键点的研究会带来令人难以置信的成果，它是个人研究的黄金境界。如果您完全凭借一己之力来挖掘您的个人发现，用自己的方式交易，运用耐心而且对危险信号保持警觉，一定会发展出一套正确的思考模式。

◎ 为何运用成交量确认反转关键点，可以决定进场交易时机？

市场趋势转变时，经常伴随着成交量大增。成交量确认反转关键点。

反转关键点的出现几乎都会伴随着成交量的大增，买进的人一窝蜂拥进与忙着要出场的阵阵卖压短兵相接，空头趋势出现反转关键点时，也是一样的情况。

成交量的增加是推断关键点的重要因素，且关键点一定要获得成交量的确认。这场买家与卖家的战争，导致股票的方向反转。这些重要的喷出量，经常使当日成交量比日均量暴增 50 到 500 个百分点。

◎ 解决方案

当买进股票时，您应该先想清楚，一旦股票走势不利于您时，要在损失多少时就卖出持股，而且必须谨守自己的原则！利弗莫尔总是在下手交易前，设好止损。他利用关键点买进股票的另一项理由是，因为它给了一定相当明确的参考点。他能看清楚这个点，究竟是一段走势的头部，或是底部关键点，或是突破新高的关键点，抑或整理完成后，他所谓的行情持续关键点。他再根据这一个参考点，选定他的止损点，也就是行情不利于他时的结清交易点。

◎ **行情持续关键点出现，是进场信号再现吗？**

行情持续关键点提供了另一个买入点，或提高持股仓位的好机会。持续关键点的信号，表示行情可能持续走下去，是加码的好机会。

除了反转关键点之外，还有一种利弗莫尔称之为行情持续关键点的重要观察指标。当走势明确，个股在行情持续期间发生自然回调之后，它经常会出现。只要该股可以从持续关键点脱困，并且朝自然回调前的方向前进，它也可能是行情持续中的另一个买入点，或是提高持股仓位的好机会。这好比将军有时候也会下令暂停大举进攻，好让补给线可以跟上军队，并且让他的士兵们有机会休息。他认为行情持续关键点，就是股票在上升走势中的暂时整理。它通常只是在自然回调之后发生。但是，精明的投机者会仔细观察该股结束整理后的走向，不要预设立场。

他等候持续关键点的信号出现，它给他建立新仓位或继续加码的机会。他情愿等到股票重整旗鼓，并形成新的行情持续关键点。行情持续关键点提供了一份保证与确认，行情极有可能会持续走下去。这套关键点理论也可以用来做做空操作。他跟踪那些过去一年来股价持续创新低的股票。如果他们形成一个"假的关键点"，也就是说，如果它们从这个新低价反弹后，接着再跌破这个新低价，那么极可能它们会持续破底往下走。

◎ **解决方案**

正确掌握关键点让他有机会在正确的时点成交第一笔交易。因此，在走势起始之初，他便在正确的价位上有了一个介入点。这让他立于不败之地，他也才能够熬得过正常的股价上下波动，而不至于伤了自己的本钱。一旦股价脱离了关键点，可能受伤害的唯有他的纸上盈利，至于他宝贵的本钱则分毫无伤，因为他打一开始就处于盈利状态。如果您在关键点成立之前就买进股票，您可能操之过急。这么做是很危险的，因为股票可能没有办法形成适当的关键点，并明确地走出它的方向。如果您的买进价位比关键点高 5% 或 10%，那么您可能太迟了。您可能会因为走势已经展开而丧失优势。

◎ **为何持续关键点是加码的好时机？**

要避开最容易赔钱的摊平买进方法，运用最容易赚钱的往上加码的方法。

利弗莫尔从市场上许多老手以及个人经验中学会"千万不要摊平损失"。也就是说，如果您买的股票价格下滑，您千万不可以再买了。不要试着将成本摊低，这种做法成功的机会很小。

"加码往上买"却时常奏效，也就是随着价格往上走一路加码。

只不过，他发现这样做也是有风险的，所以他尽量在一开始就建立起主要仓位，也就是在起始关键点处。然后，在股价来到他所谓的行情持续关键点时，也就是股票有足够的力量从整理走势中脱颖而出时才加码。

◎ 解决方案

操盘手必须等待到股票证实自己要突破行情持续关键点往上涨的时机。在股票自己表态之前，过度期待是一种冒险，因而操盘手不可一心只期待这种情形出现。在这种紧要关头，操盘手必须像老鹰一样目光如炬，蓄势待发，但就是不要受希望的影响，而产生偏差的心态。操盘手最后一次的金字塔加码机会，出现在股票夹带大量突破新高之时，这种量价结构是个非常好的信号。因为它非常有可能代表上面已经没有任何套牢筹码，可以在短期内阻挡股票的涨势。

但金字塔操盘法是个险招，任何想要使用它的人都必须手脚灵敏且经验丰富，因为股票涨得越高就有可能跌得越深，行情就会越危急。他努力将所有大手笔的金字塔加码手法限制在走势起始之初。他发现股价脱离底部一大段之后使用金字塔操盘法是不明智的，最好是等待行情持续关键点出现、股价突破新高之时再加码。

三、辨别真突破假突破

交易能累积经验，但股市不是只靠经验就行，还必须勤加练习才能赚到钱。

◎ **为何突破整理区间并创新高，是买进时机？**

股价突破整理区间并创新高，是突破关键点。突破并创新高时，就是启动攻势的关键点。

有一只股票目前的成交价是 25 美元，它的股价在 22~28 美元的区间中，已经徘徊了一段时日，而您认为这只股票看情形会上涨到 50 美元左右。这时候，您必须有耐心等到这只股票活跃起来，等到它创下新高价，大约 28 到 29 美元左右。这时候，您知道市场的表现证实您的想法正确。这只股票的走势一定很强劲，不然它不会创新高。出现这样的突破并创新高情形，它才可能真的要启动强攻，进行上涨走势。为您的想法下注，就在这个时候。

◎ **解决方案**

不要因为您没有在 25 美元买进而懊恼不已。如果您真的这么做，可能早就因为等得不耐烦而在行情启动前卖出持股。因为股价不断跌破买进价会令您心生不满而卖出，等到真该进场时，却再也买不回来。经验已经向利弗莫尔证明，买卖任何股票或商品，要能真正赚到钱，必须打一开始进场就盈利才行。由往后他所列举的交易范例中，您会看到他选定在心理时刻，进场做第一笔交易，亦即在走势力量强到能继续往上冲时。它能有如此之强的走势，不是由于他对它的操作，原因在于它背后的那股力量实在太强大了。它就是必须往前冲，而且也这么做了。

◎ **为何越过关键点后变得欠缺力道，就是假突破？**

期待强势股出现空头走势，是危险行为。股价越过关键点后变得缺乏上涨（下跌）力度，是假突破的征兆。

利弗莫尔没有做完伯利恒的整个涨势，他在关键点抵达200、300以及令人头昏眼花的400美元时都重复相同的操作手法，但他终究没有做完整个走势，因为他期待着会出现空头市场中会发生的走势，也就是期待股价跌破关键点并一路往下走。

他学到一件重要的事——密切注意股票越过关键点后的后续发展。他发现股票越过关键点后就变得缺乏力度是确定股价反转并卖出持股的最简便的一个证据。

◎ **解决方案**

利弗莫尔多次在这种情况出现时，倒出手中的仓位，并且站到市场的另一边去开始做空。在这里必须附带一提的是，每一次只要他失去耐心，还未等到关键点出现就买入，几乎总是落得赔钱收场。

◎ **为何正确掌握关键点介入，就能打从一开始就赚钱，并能熬过股价的波动？**

只靠关键点交易就能赚到钱。知识与耐心，在投资市场里是携手并进的伙伴。

利弗莫尔的交易理论重点是：只靠关键点交易。只要保持耐心且在关键点出手交易，总是能赚到钱。长期来看，除了知识之外，耐心比任何其他单一因素都更重要。知识和耐心是携手并进的。所有想要通过投资获得成功的人，都应该要了解这个简单的事实。

◎ **解决方案**

在买进股票之前，必须详加审视，确定您的仓位一切安好。唯一的买进时机就是您知道它会上涨的时候。这时，您手边应该拥有种种对您有利的因素。这样的情形很少出现，身为操盘手的您，一定要耐心等待，正确的行情迟早会形成。

◎ **价格来到关键点时，怎么买？如何加码？当下哪些是观察重点？**

股价真突破的威力强大。打底完成向上突破时，买进第一笔，价格回撤再度突破时，立刻再加码。

1924 年夏天，小麦来到他所谓的关键价位，利弗莫尔买进第一笔 500 万英斗。当时小麦的市场规模实在庞大，因此这张单子完全不会产生任何拉抬价格的效应。单子成交之后，市场立刻陷入沉寂，但在这几天之中，价格从未跌落至关键点之下。

接着，市场又开始动了起来，价格比几天前的高价还要高出几美分，接着从这个价位自然回调，市场旋又沉寂数日，然后就开始涨了。他在价位冲过下一个关键点时，立刻再加码买进 500 万英斗，平均成交价高于关键点 1.5 美分，他从成交的情形看出，市场本身十分强劲。为什么？因为第二张 500 万英斗的单子比第一张难买得多了。

次日，它没有像第一张买单那样出现回撤，而是直接再上涨 3 美分，这正是市场该有的正确表现。从此展开了一段真正的多头行情。他指的是一段他预估可以持续好几个月的强劲涨势。不过，他没有完全看清随后展开的全部走势。于是，他在每一英斗都有 25 美分利润时清仓退场。结果，眼睁睁地看着它在数天之内再涨 20 美分。他立刻知道自己大错特错。为什么他要害怕失去那些自己未曾真正拥有的东西呢？在应该有耐心与勇气坐着等行情结束的时候，他却急着将纸上的富贵转换成现金。

◎ 解决方案

他知道当涨势抵达关键点时，会适时收到危险信号，并有足够的时间可以从容出场。因此，在成交价高于当初卖出价格平均达 25 美分时，他决定再次进场。再开始买进时，只敢买 500 万英斗，是当初他卖掉的一半仓位。这次他一直拿住仓位，直到危险信号出现。

◎ **为何操盘手应依事实反应，而不是根据预测做出动作？**

心中无偏见，才能发现市场所透露的线索。杜绝思维僵化，保持操盘的弹性。

利弗莫尔从不使用"看多"或"看空"这类的字眼，因为他认为这些字会在投机者心中形成一种特定市场走势的情绪心态。很可能投机者会在很长的一段时间内，即便事实已有所改变，仍盲目地追随那个趋势或方向。他发现明确的趋势不会延续得太久。如果有人来问他要明牌，他会说市场目前的趋势是"向上"或"向下"或"横向"，要不然他也会对他们说，目前的"最小阻力线"是向上或向下。这让他拥有可以根据市场表现改变心意的弹性。

您必须像优秀的侦探那般，您一定得寻找事实的证据，尽可能予以确认，这需要不带情绪的分析才能达成。

◎ **解决方案**

他绝对不去"预测"或"预期"市场的表现。他只是针对所看到的市场表现作出反应。他确信市场总是会针对下一步要怎么走，透露出线索。这些线索隐藏在市场的表现之中，而不是存在于预测的情节里。

◎ **为何股价无法有效跨越关键点时是假突破的危险信号？**

股价无法真正有效跨越关键点时为反转信号。股价假突破产生反转时，很快就会引来卖压。

多年前，利弗莫尔开始利用最简单形态的关键点交易在股市中盈利。安纳康达来到 200 美元时，他运用整数关键点技巧大赚一笔。后来它上涨到 300 美元，他如法炮制，但这次它无法真正有效跨越关键点，只来到 302.75 美元。

很显然，危险信号亮起了。他卖出手上持有的 8000 股。他很有信心地认为，如果股价跌破 300 美元，就会以很快的速度向下探。隔天的情形真是太刺激了：安纳康达在伦敦一路往下走，纽约的开盘价甚至更低。才几天的时间，安纳康达跌到 225 美元。

◎ **解决方案**

使用关键点预测市场走势时，最需牢记的一点是：当股票越过关键点之后，若不能展现出其应有的表现，即应视之为必须留意的危险信号。**参考图 2-1，本图引用自《股票大作手操盘术·全译注解版》与配套讲解视频。**

◎ **为何突破或跌破区间整理的高低点，是关键点的介入点？**

突破区间整理后暴涨一波的关键点。持续关键点出现在区间整理后延续原趋势进行。

一只股票的成交价在 50、60 或 70 美元，股价跌了 20 点左右，并且它在高低点之间徘徊了一两年。这时，倘若它竟跌破了以往的低点，这只股票就有可能还要猛跌一段，原因何在？那家公司必然出乱子了。

除了反转关键点之外，另有一种他称之为行情持续关键点。当走势明确的个股，在行情持续期间，经常会发生自然回调。只要该股可以从持续关键点脱困，并且朝回调前的方向前进，它可能是行情持续中的另一个介入点，或是提高持股仓位的好机会。这好比将军有时候也会下令暂停大举进攻，好让补给线可以跟上军队，并且让他的士兵们有机会休息。他认为行情持续关键点就是股票在上升走势中的暂时整理，只是个自然回调而已。

如图 4-3，1934 年，12 个月可可豆期货的高价 6.23 美元出现在 2 月，低价 4.28 美元出现在 10 月。

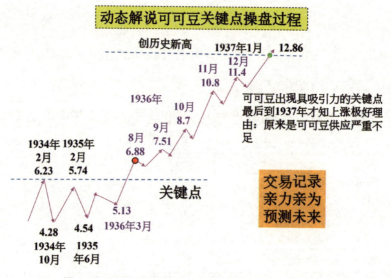

图 4-3　记录可可豆突破一年半高点关键点图解案例

1935年的高价5.74美元出现在2月，低价4.54美元出现在6月。

1936年3月出现了低价5.13美元；到了8月，因为某个理由，可可豆市场变得非常不一样。大行情展开了，8月可可豆售价来到了6.88美元，比前两年所创下的高价都要高许多，并且也高于它前面的两个关键点。

1936年9月时，它创下了7.51美元的高价，10月8.7美元，11月10.8美元，12月11.4美元。1937年更攀升到最高价12.86美元，创下了5个月内上涨600点的新纪录，其间仅出现几次微幅回调。

可可豆向来年复一年走势平淡无奇，这回的上涨显然是有极好的理由。原来可可豆的供应严重不足，紧盯着关键点的人必然可以在可可豆市场找到一个大赚一笔的好机会。

◎ 解决方案

精明的投机者会仔细观察该股结束整理后的走向，不要预设立场。动态解说可可豆关键点操盘过程，参考图4-3。

▶ A 股案例

突破区间整理的高低点时，是关键点的介入点。突破区间整理关键点后，经常暴涨一波。持续关键点出现在区间整理后延续原趋势进行。

如图 4-4，宁德时代股票的成交价在 50 元之下的高低点之间整理一年以上。在 2018 年底，它竟突破了一年以上的高点，这只股票就有可能还要猛涨一段，原因何在？那家公司必然出现了新的商机。当它跨过 100、150、250 元都再涨一波，这些位置是持续关键点。这里的宁德时代，跟当时利弗莫尔描述的安纳康达整数关口，完全是一样的情况。

图 4-4　关键点操盘术案例，宁德时代周线走势图

▶ 操盘心法总结

本章说明的关键点技巧，很容易就看懂了。来到执行端，为何一个很容易的道理，操盘时老是赔钱？这里有两个重点要说明：

1. 如"操盘经典"中的案例，利弗莫尔描述的是动态的操盘术，但是读者都把它看成静态操盘术。

2. 如图 4-5 案例，说明的是静态的状态，必须转化为动态操盘术，才能活学活用利弗莫尔操盘术。

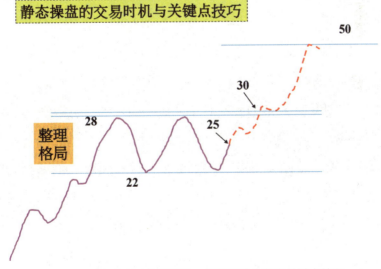

静态操盘的交易时机与关键点技巧

图 4-5　耐心观察，缩手不动，伺机而动的静态关键点技巧

◎ 静态操盘术转化为动态操盘术案例

判断正确，操盘进场时机错误，动态操盘调整的技巧。

图 4-5 案例说明静态关键点技巧。股票目前的成交价是 25 美元，它已经在 22 美元到 28 美元的区间里徘徊相当长时间了，而您认为这只股票终将攀升到 50 美元。此时，您必须有耐心，一定要等这只股票活跃起来，等它创新高，大约 30 美元左右。只有到了这个时候，才能知道您的想法已经被证实了。这只股票一定非常强劲，否则根本不可能达到 30 美元。只有该股票出现这些变化后，才能断定它很可能正处于大幅上涨的过程中，而现在才是您证实自己看法的时候。要是您没有在 25 美元时买进，绝不要感到懊恼。如果您真的在 25 美元就买进，那么结局很有可能因为您等得不耐烦，早在行情启动之前就已经抛掉了持股，而由于您是在较低的价格卖出，您也许会悔恨交加，因此等到应该再次进场时，却没有买进。

◎ 解决方案

如果您对某只或某些股票有了明确的看法，千万不要迫不及待地急着进场。耐心观察该股票的市场表现，伺机而动，一定要找到可靠的判断依据。图 4-6 案例说明动态关键点技巧。随着时间推进，价格的波动存在着各种可能性。如何分辨每一种可能性？需要额外的技巧来辅助判断，如量价结构、K 线理论等。

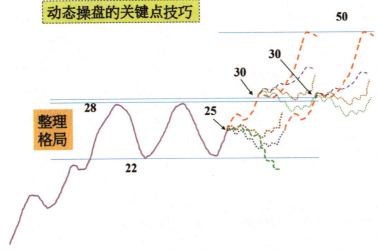

图 4-6　静态关键点技巧转化为动态关键点技巧

微信扫码观看，齐克用讲解关键点下单技巧

— 第五章 —

资金管理的守则

▶ **导读**

利弗莫尔亲手写的《股票大作手操盘术》第四章的章名是 Money In The Hand，意思不是"落袋为安"，而是管理好您手中的资金。当我们谈到做错时要止损时，这是风险管理。当谈到一笔赚钱的交易要如何处置时，是利润管理。回到整体资金的管理时是资金管理，包括风险管理与利润管理。错误的资金管理注定会让你亏钱。操盘经典分成两节来说明，每一节提问的主题如下：

（一）资金管理的九套功夫

什么是资金管理的第一套功夫？

什么是资金管理的第二套功夫？

什么是资金管理的第三套功夫？

什么是资金管理的第四套功夫？

什么是资金管理的第五套功夫？

什么是资金管理的第六套功夫？

什么是资金管理的第七套功夫？

什么是资金管理的第八套功夫？

什么是资金管理的第九套功夫？

（二）资金管理背后的投资逻辑

为什么操盘手应随机应变，而不是根据预测作出动作？

如何在下手交易前设好止损，并遵守原则？

为什么走势不如预期时就应卖出持股，留着现金等待下一个介入的时机？

市场情况混沌不清或股票走势犹豫不决时，为何要退场观望？

只要行情不变，应紧握胜出的股票，让利润自行发展的秘诀是什么？

操盘手要如何顺势操作并身随势转？

为何要在场外缩手不动，等待正确的进场时机？

为何能斩断损失，且让盈利往前跑，长期下来一定能赚到钱？

为何操盘手应将盈利的半数转出保留，来做好资金管理？

▶ **操盘经典**

太多的投机者冲动地买进或卖出股票，几乎把所有的仓位都建立在同一个价位上。这样的做法不但错误，而且十分危险。正确的做法与图 5-1 说明如下：

如果您想买进某只股票 500 股。您第一笔先买进 100 股。如果价格上涨了，再买进第二笔 100 股，以此类推。但是，后续买

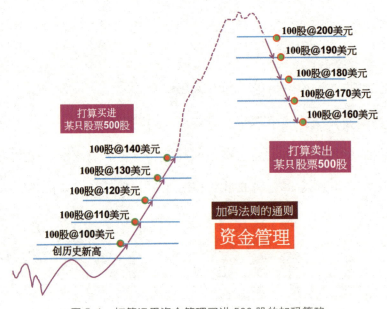

图 5-1　打算运用资金管理买进 500 股的加码策略

进的价格一定要比前一笔高。同样的原则也适用于做空。除非价格低于前一笔，否则绝对不要再卖出下一笔。如果遵循这一原则，与采用任何其他方法相比，您会更接近市场正确的一边。原因在于，您在这样的情况下操作，所有的交易自始至终都是盈利的。盈利的事实证明您是对的。

关于操盘过程中的错误与正确做法，说明如下：

1. 错误做法。把仓位建立在同一个价位上。这是指在同一个"时间"点进场，买在同一个"价格"上面。

2. 正确做法。第一笔单子买进之后，价格往上推升，即表示您做对了，当第一笔单子已是赚钱时，才可以再下第二笔单买进。运用此法则，买进的价格与时间，就都对了。

一、资金管理的九套功夫

正确运用资金管理技巧，能够管理好亏损风险，并且达到扩大盈利效果。

◎什么是资金管理的第一套功夫？

勇于承担第一笔小小的损失。将盈利的半数换成现金存起来。

利润总是能够自己照顾自己，损失则永远做不到这一点。从事投机的人要勇于承担第一笔小小的损失，以避免损失扩大。当好时机来临时，才有能力出手交易扳回失地。

多年以来，每当利弗莫尔成功结束一笔交易后，都会将盈利的一半提出来换成现金。这真是个好方法，它具备一种心理上的价值。把钱放在经纪账户，跟放在银行账户里是不同的，后者让您有把钱放在手掌中的感觉。这种拥有的感觉会减轻您拿这些钱再次搏命，降低再次损失的那股顽强冲动。一般投机者在这些事情上的态度极为漫不经心。

◎ **解决方案**

从事投机的人，必须担任自己的保险经纪人。要在这个行业持续存活下去的唯一办法，就是看牢自己的账户，绝对不要让自己在能够正确判读市场时，却因过去损失过大，以至于没有资金来进行交易。

当投机者有幸将原来的资金变成两倍时，应当马上提出一半的盈利存起来。这个方法好几次帮了他大忙，他只是后悔这辈子没能彻底遵守这条规则。

◎ **什么是资金管理的第二套功夫？**

不要让兴奋、谄媚或诱惑冲昏了头，而陷入过度交易的陷阱。每一笔加码买进价要比上一笔高，加码做空价要比上一笔低。

投机本身就是一项事业，人人都应当如此看待。别让自己被兴奋、谄媚或诱惑冲昏了头。您要记住，有时候经纪人在不自觉的情况下，成了毁灭投机者的人。经纪人所从事的是赚取佣金的行业，除非客户交易，否则他们便无利可图。客户交易得越多，他们就赚得越多。投机者想要交易，而经纪人非但愿意看到客户交易，甚至还鼓励客户过度交易。无知的投机者把经纪人当朋友，而且很快就踏进过度交易的陷阱。

若是投机者够聪明，知道可以过度交易的时机，那么过度交易的确是可行的。然而，很可能他虽知道扩张信用交易要有适当的时机，但却在养成习惯之后怎么样也戒不掉。他们将过度交易的时机考虑抛诸脑后，因而失去了投机成功最倚重的那股独特的平衡感。他们忘却了以往曾经犯错的日子，等到犯错的那天又来临时，得来容易的钱全长了翅膀，又一个投机者破产了。除非您确知交易结果无碍您的财务安全，否则不要出手交易。

非常重要的一件事是，每一笔加码买单的价格都要比它的前一笔高。同样的规则当然适用于做空，只不过每一笔空单成交价都得低于它的前一笔。对没有经验的投机者而言，最困难的部分在于每一个仓位的成交价在节节升高。为什么呢？因为每个人都会贪小便宜。每一笔交易的成交价升高是违反人性的，人们总想要买在底部并且卖在头部。心里再如何挣扎也敌不过事实，不要满心期望，不要和行情报价争辩，因为它永远是对的。在投机的领域中，没有希望、揣测、恐惧、贪婪、闹情绪的空间。股价的表现就是事实，但人类的解释则常常隐藏着谎言。

◎ **解决方案**

投机者可以自行决定最适合自己的资金管理方式，而利弗莫尔认为最有效的做法是：（1）不要一次在同一价位买进全部仓位；（2）等待自己的判断获得确认，每一笔分批买进价都比上一笔高；（3）着手交易前，在心里先盘算好，要买进的总股数，或要投入的总金额。

◎ **什么是资金管理的第三套功夫？**

设定好止损点，千万不要承担超过本钱百分之十的损失。做错时千万不要补缴保证金，也不要摊平损失，应止损出场。

这是他在空壳证券商那里下单交易时学到的，在这些地方所有交易的保证金都是10%。当损失超过10%的下限时，空壳券商会自动出清他的仓位。10%损失原则，于是成为他最重要的资金管理守则。它同时也是一个关键"时机"守则，用于设定自动出场的时间。

当您的经纪人打电话告诉您，您的那只股票正在下跌，需要更多钱来补足保证金时，告诉他把您的仓位都卖出去吧。您用50元买的股票跌到45元时，千万不要去做买进摊平的操作。股票的表现已不如预期，这足以证明您的判断是错的。带着损失快快出场吧！

千万不要补缴保证金，也不要摊平损失。

◎ 解决方案

请记好，投机者在出手交易前一定要牢牢设好一个止损点，而且千万不要让自己承担超过本钱百分之十的损失。大众经常变成"无可奈何的投资者"，他们买进的股票下跌了，但他们拒绝卖出股票接受损失。他们情愿抱着股票，期待反弹最后能出现，股票再重新往上涨。这也正是百分之十守则重要的地方，不要沦落为无可奈何的投资者，快快认赔吧！这一条说起来容易，但做起来很难。

◎ 什么是资金管理的第四套功夫？

避开长期不动的股票，把钱投资在热门股身上。随时保留一笔备用现金，耐心等待进场的机会。

他在后半生提出了一套选择股票交易时机的操作理论。通过快速调仓避开股票长期不动的窘境，资金也因此活跃了起来。就像杂货店老板手上有一类滞销货品一直放在货架上，明智的老板会出清那类商品，然后用那笔钱去买进市场上热销的货品。

成功的投机者必须随时都拥有现金储备，就像优秀的将军会在身边留着预备部队，以备需要时使用。

◎ 解决方案

把钱投资那些会"动"的龙头股身上。时间是股市操作中真正重要的因素。聪明的投机者永远要有耐心，以及一笔备用现金。在市场上搏杀时，有时候您应该拿着现金在场边上等。当好机会出现时，您的本金就可以派上用场，赚进一大笔财富。唯有耐心才是制胜的关键。

◎ **什么是资金管理的第五套功夫？**

紧握胜出的股票，让利润自行发展。波段反转，行情启动后，要紧抱仓位直到危险信号出现。

紧紧抓住胜出的股票，只要它表现正确，就不要急着了结获利。只要大盘和个股的走势没给您带来烦恼，让它向前走，对自己的信念要有坚持的勇气，不要放弃它！当他交易处于盈利状态时，他从不紧张，他可以在拥有单一个股仓位高达数十万股时，仍然睡得像个小婴儿似的，原因何在？因为他的那笔交易，正在盈利中，他只不过在使用交易过程中的盈利，这是股票市场的钱，这些盈利要是赔光了，他也只不过损失那笔他本来就不拥有的金钱。

不要将"让持股仓位往前走"的策略，与"买进后紧抱不放"的交易策略混为一谈。买进股票最要紧的考虑之一是，就是要尽可能接近反转关键点，或行情持续关键点。他的关键性决定，就是在这个时点上做出的。如果股价从反转关键点往上走，他会放心大胆地抱着它，因为从那个点位开始，他操作的是交易所的钱，而不是他个人的资金。只要他的仓位是赚钱的，他就会完全放松，气定神闲地观察股票走势，什么都不必做，直到交易结束的时机来临。纸上富贵化为乌有的可能性从不曾困扰他，因为它从一开始就不是他的钱。因此，他最主要的工作是寻找反转关键点和行情持续关键点。

◎ **解决方案**

如果股价基本上没什么负面表现，那就好，让它走上一段！它也许会带来庞大的利润！如果股价脱离关键点后朝相反的方向走，他就出清持股。本守则的重点是：损失要斩断，盈利则要有往前奔跑的空间。

◎ **什么是资金管理的第六套功夫？**

避开廉价的股票，追逐强势股。

有经验的投机者也会常犯的一个大错误，就是买进廉价的股票，仅仅是因为它们的价格低。虽说在某些情况下，股价在需求的推动下，的确有可能从 5 或 10 元的低价，上涨到超过 100 元，但大多数情况下，这类低价股没过多久就会被列入破产清算管理，为世人所遗忘。要么就年复一年苟延残喘，股东们指望回本的希望十分渺茫。对投资者而言，选股的首要之务是，找出前景最看好的产业板块，区分出哪些板块走势最强，哪些则相对不那么强劲、比较弱，或是相当疲弱，等等。

◎ **解决方案**

投机者不该只因为这只股票看起来很便宜，便一头栽进萧条产业板块中的廉价个股。目光要放在健康强劲的产业板块身上。让您的资金保持流动，并随时为您效劳！

◎ **什么是资金管理的第七套功夫？**

事先估算风险回报比，找出胜算大的地方出手。不要频繁交易，耐心等待重大波段行情启动。

如果他要用 200 元才能买进一只股票，而预期它会上涨 20% 或 10% 以上。预估动用 20 万美元才能赚到 2 万元，这个投资对他而言，没有什么吸引力，因为它的风险回报比是不平衡的。不管您是多么优秀的操盘手，在股市里有损失是无法避免的一件事，您必须把它列入操作成本的一部分，连同利息、经纪费和投资所得税一并计算。依他个人经验看来，少有投资者在下手交易前计算过风险回报比。试着去做做看是很重要的，一定要有一个详细的计划。

他的交易频率，比一般大众想象的要低很多。这样做需要有很大的"耐心"，等待着所有的因素都汇集到对他尽可能有利，包含大盘的方向、产业板块、姊妹股的走势，以及最重要的是时机正确，而且来到一个重要的关键点。

◎ **解决方案**

他十分关心潜在盈利与投资金额之间的比率。在他下半生的生涯里，只对"重大走势"有兴趣，只关心股价的重大波动。

◎ **什么是资金管理的第八套功夫？**

进场交易前，先设定好止损，并遵守自己的原则。设定好价格与

时间的止损，保留现金等待介入的完美时机。

当买进股票时，您应该先想清楚，一旦股票走势不利于您，要在损失多少时就卖出持股，而且必须遵守自己的原则！他利用关键点买进股票的另一项理由是，因为它给了一定相当明确的参考点。他能看清楚这个点，究竟是一段走势的头部或底部关键点，或是突破新高的关键点，抑或整理完成后的行情持续关键点。他再根据这一个参考点选定他的止损点，也就是行情不利于他时的结清交易点。

他决不持有走势方向不如他预期的股票。他会一直等到盘算中的完美时机出现时才买进股票。若他相信它应该在几天内开始启动，或者认为它会在一段合理的时间内往上走，而股票却没有这样表现时，他就会卖出持股。他会等候数天、数周或数月，等到股票自己走到他认为最适宜的点位上。换句话说，等待一个他能介入的完美时机，这时每个因素都对他有利。

◎ 解决方案

不要任由损失超过投入本金的10%。他总是在下手交易前设好止损。

许多人不但总是卖出手中的好股票，而且留着赔钱的股票，他们还会握着手中表现平淡、毫无作为的股票。在他后半生的交易史中，他决不持有走势不如他预期的股票。

◎ 什么是资金管理的第九套功夫？

避开走势不明确的弱势股，寻找强势的龙头股介入。资金被套牢将丧失龙头股的盈利机会。

最糟糕的就是那种他所谓"走势飘忽"的股票，这些股票没有按照操盘手的期望走，让他们手头的资金受限。如果他手中还有损失中的仓位，或走势不明的仓位，往后的每一笔交易他都会受到干扰。他发现自己只能交易活跃的、涨势领先且天生有动能的股票。

许多人买进股票后就把它们锁在保险箱或金库中，他们觉得这样的投资十分稳当。这绝对是大错特错！绝不能认为股票买了之后就能一直持有到未来。投资者经常长期持有许多原先认为很安全的好股票，比如钢铁、无线电、飞机、石油、铁路等，最后它们都随着岁月变迁而成为历史。因为资金被冻结，这些投资者丧失了许多操作龙头股票的黄金机会，这些股票本可以为他们带来利润和成功。

◎ 解决方案

他深信资金要保持流通。当一个商人有部分资金被"冻结"而不能运转时，他必须利用没有被冻结的资金来创造所有的利润，这会对他形成约束，因为未冻结资金必须付出双倍的努力，才能补足没有生产力的死钱造成的结果。

二、资金管理背后的投资逻辑

盈利时，代表您已做对，运用加码与时间复利效果，让利润扩大。

◎ **为什么操盘手应随机应变，而不是根据预测作出动作？**

杜绝僵化思维，保持操盘的弹性。心中无偏见，才能发现市场所透露出的线索。

利弗莫尔从不使用"看多"或"看空"这类字眼，因为这种字眼，会使操盘手拥有一种固定的心态，很可能投机者会在很长的一段时间内，即便事实已有所改变，仍盲目地追随那个趋势或方向。他发现明确的趋势，不会延续得太久。

如果有人来问他要明牌，他会说市场目前的趋势是"向上"或"向下"或"横向"，要不就说，目前的"最小阻力线"是向上或向下。这让他保有可以根据市场表现改变心意的弹性。诚如优秀的侦探那般，您一定得寻找事实的证据，尽可能予以确认，这需要不带情绪的分析才能做到。

◎ **解决方案**

他试着绝对不去"预测"或"预期"市场的表现。他只是针对所看到的市场表现做出反应。他确信市场总是会透露出下一步要怎么走的线索。这些线索隐藏在市场的表现之中，而不是存在于预测的情节里。

◎ **如何在下手交易前设好止损，并遵守原则？**

走势不利于您时，要尽快退场。赚钱与赔钱的百分比是不对称的，要先保住本金之后才有机会赚钱。

当您买进股票时，应该先想清楚，一旦股票走势不利于您时，要在损失多少时就卖出持股，而且必须遵守自己的原则！回补损失时，需要付出双倍的代价。利弗莫尔总是在下手交易前就设好止损。

◎ **解决方案**

利用关键点买进股票的另一项理由是，因为它给了利弗莫尔一个相当明确的参考点。他能看清楚这个点，究竟是一段走势的头部或底部关键点，或是突破新高的关键点，抑或整理完成后，所谓的行情持续关键点。他再根据这一个参考点，选定止损点，也就是行情不利于他时的清仓交易点。

◎ **为什么走势不如预期时就应卖出持股，留着现金等待下一个介入的时机？**

静待正确时机进场，但不如预期就应卖出，另外加入时间止损。

在利弗莫尔后半段的交易生涯中，他不持有走势方向不如预期的股票。他会一直等到预期中的完美时机出现时，才买进股票。若他相信它应该在几天内开始启动，或者他认为它会在一段合理的时间内往上走，而股票却没有这样表现时，他就会卖出持股。他会等候数天、数周或数月，等到股票自行到达他认为最适宜的点位上。如果该股票的表现不如他的预期，就算它没有下跌，他也经常会卖出持股。

◎ 解决方案

在股市进出许多年后，让他学会一件事，机会永远都存在。现在拿着现金在预备位置上，意味着您的资金闲置着，但是假以时日，当那个"特别的情况"出现时，它会创造出庞大的利润。许多人总是卖出手中的好股票，而且留着赔钱的股票，他们还会握着手中表现平淡、毫无作为以及找不出方向的股票。

◎ 市场情况混沌不清或股票走势犹豫不决时，为何要退场观望？

当走势混沌不清时，出场并在场外等待比较好。挑选充满活力且有动能的股票，保持资金流通才能创造利润。

在操作中的股票裹足不前，看不出是在吃货还是在倒货，这种混沌情况出现时，出场有时比承担倒货风险好，以免股价最后往下走时，您得止损认赔。利弗莫尔并不是说股票在上涨走势中，不会有正常的休整或整理。虽然我们必须给股票一点时间，让它从这样的情况中走出自己的方向，但它若犹豫不决，我们也绝不能手软，第一时间就得出场。然后继续寻找下一个交易标的。

◎ **解决方案**

如果他手中还有损失中的仓位或走势不明的仓位，他往后的每一笔交易都会受到干扰。他发现自己只能交易充满活力、涨势领先且天生有动能的股票。他深信资金要保持流通。要记住，当一个商人有部分资金被"冻结"不能运转时，他必须利用没有被冻结的资金来创造所有的利润，这会对他形成约束。

◎ **只要行情不变，应紧握胜出的股票，让利润自行发展的秘诀是什么？**

正在盈利中的股票，应当如何处理呢？放手让利润扩大。

紧紧抓住胜出的股票，只要它表现正确，就不要急着盈利了结。要知道，您的基本判断是正确的，否则根本赚不到钱。如果，它根本没什么负面表现，那就好，就让它走一段，也许它会带来庞大的利润呢。

◎ **解决方案**

只要大盘和个股的走势没给您带来烦恼，就让它向前走，对自己的信念要有坚持的勇气，不要放掉它！

◎ **操盘手要如何顺势操作并身随势转？**

不要对于做多或做空有偏见，要顺势操作才能赚到钱。傲慢是过度自信的产物，赔钱时必须止损并承担失误的后果。

股市有三分之一的时间向上，三分之一向下，另有三分之一横着走。成功的操盘手必须顺着市场的方向进行交易，沿着最小阻力线的方向操作。不管做多或做空，对利弗莫尔而言都没困难，因为多、空的操作逻辑都一样。股票毕竟没有生命，他对它没有感情，没有所谓的好股票和坏股票。对投机者而言，只有会赚钱的股票。所有的操盘手都必须留意的是，傲慢与偏见所造成的后果，因为在股票走势与我们相违背时，必须下定决心承认自己的失误，立即卖出交易仓位。

◎ **解决方案**

寻找长期趋势反转关键点的主要转折点能力，是股市操盘手最重要的技能。只要他能掌握完美的心理时刻，在景气和恐慌时期进出股市，他就可以赚到大钱。大多数操盘手会忘记一项铁律：我们一定会在某些交易中犯错。成功的关键在于立刻退出交易。

◎ **为何要在场外缩手不动，等待正确的进场时机？**

确认已经拥有最多的有利因素，然后在场外静待一出手能满载而归的位置。

当利弗莫尔提到"坐着等"时，他指的是在买进股票之前。这段时间，您必须坐着好好等待全部有利的因素，成就一桩完美或者说尽可能完美的交易。

他的个人守则是：确认自己已拥有最多的有利因素，千万不要急着进场，慢慢来，机会多的是。您要记住，无论别人如何对您舌灿莲花，一旦蒙受惨痛的损失，想要收回失地是非常困难的。听听那些曾经破产的过来人怎么说，就好比他曾经告诉过您的，一个没有现金的股票作手，就好比一个没有存货可以买卖的商人。

◎ 解决方案

一定要有耐心，慢慢来，不要把所有的资金拿去做一次性的冒险，保住自己的老本是最重要的。只有当您玩的钱是"交易所的钱"时，才是唯一的例外，因为这时您的这些本钱是直接从市场或个股拿过来的。

◎ 为何斩断损失，且让盈利往前奔跑，长期下来一定能赚到钱？

唯一可以紧抱不放的股票就是盈利中的股票。注意买卖时机，并随时检查持股。

不要将"让盈利仓位往前走"的策略，与"买进后紧抱不放"的交易策略混为一谈。利弗莫尔从来没有做过盲目买进，并抱着一只股票的事。谁知道未来会发生什么事？世事多变化，当初您买进某一只个股的基本情况，怎么可能会不变呢？盲目买进与持有的基本理由，只因为它是一家很棒的公司，表现很强劲的产业，或是总体经济很健康，这样的说法对利弗莫尔而言，无疑是股市自杀行为。买进股票最要紧的考虑之一，就是要等待尽可能接近反转关键点或行情持续关键点的出现。他的关键性决定，就是在这个时点上做出的。

◎ 解决方案

如果股价从反转关键点往上走，利弗莫尔会放心大胆地抱着它，因为从那个点位开始，他操作的是交易所的钱，而不是他个人的资金。如果股价脱离关键点后，朝相反的方向走，他会自动出清持股。只要仓位是赚钱的，就会完全放松，气定神闲地观察股票走势，什么都不必做，直到结束交易的时机来临。纸上富贵化为乌有的可能性，从不曾困扰他，因为它从一开始就不是他的钱。因此，他最主要的工作就是寻找反转关键点和行情持续关键点。损失要斩断，盈利则要有往前跑的空间。

◎ 为何操盘手应将盈利的半数转出保留，来做好资金管理？

将盈利的半数保留下来，做好资金管理。场外缩手不动等待时机，场内缩手不动等待盈利了结信号。

每一位投机者在成功结束一笔交易时，都要记得将盈利的半数抽出来，锁进保险箱里。利弗莫尔从不担心会有损失，理由很简单，他在指标招呼他时，立刻采取行动，并且开始建立仓位。从那时候开始，他唯一要做的事，就是坐稳并且让市场走出自己的路。他知道只要能做到这一点，盈利了结的信号会在适当的时刻出现，招呼他出场。只要他有等待信号出现的胆识和耐心，走势也会屡试不爽地配合演出。

◎ 解决方案

投机者从华尔街唯一能赚到钱，就是这些他们在结束一笔成功交易后从户头里提出来的钱。每一次，只要他秉持耐心等着市场来到他所谓的关键点才下手交易，他总是能赚到钱。

▶ A 股案例

若是南京熊猫在 9 元买进，如图 5-2 所示，买进后的止损价约 8 元。这里有两点说明：

（1）一成的意思是最多一成，若依当时情况调整为 8.5 元止损也是正确的。

（2）止损价可以微调到整数关卡之下，如图 8.4 元处。

若是买进后持续上涨，则应将原本的 8.4 元往上调整。若以当时市价往下算一成，此时"止损点"的名称应调整成"止盈点"，依图 5-2 所示，南京熊猫在 9 元买进，波段高点在 18.01 元，往下算一成，此时"止盈点"应该在 16 元。图中为何标示 8 元以上止损卖出，原因是所谓一成止损，指的是最多不超过 10%。

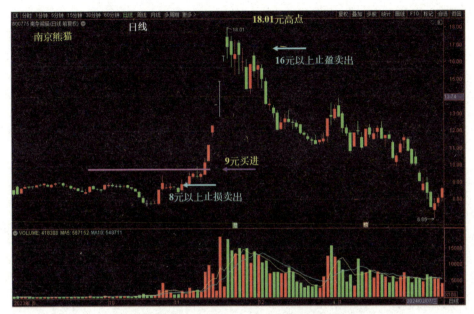

图 5-2　南京熊猫止损一成的资金管理策略案例

▶ 操盘心法总结

　　资金管理指的是操盘过程中，账户中的现金与仓位资金的管理。这里面包括了错误的逻辑与行为是怎么来的，然后要找出正确的操盘逻辑与做法，最后要到市场执行正确的操盘行为，并从中赚到钱。现在用下面的例子来做说明。

◎ 千万不要采用摊低成本的做法，错误策略会造成一次赔光吗？

投资就是要等到赚钱时，才愿意出场。摊低成本的做法，想把成本价拉到市价附近，能逆转取胜。

"投资就是要等到赚钱时，才愿意出场"，是一个错误的投资逻辑，这将导致一连串的错误行为。为了让做错的交易能逆转取胜，散户的可行方法通常就只剩逆势加码买进一途。摊平加码之后，如行情如预期，当然有脱困机会，但如果行情还是往不利的方向发展时，那就变成在亏损仓位基础上扩大了损失。股票往不利于投资的方向发展时，就像失火了一样，您应该往外跑，而不是往内跑。这就是摊低成本做法的问题所在。

投资者为何会运用摊低成本的操作手法？不外乎是想把成本价拉到市价附近，这样就可能在股票翻红的情况下赚钱出场。人性弱点是另一个重点，价格相对便宜，就较有吸引力。当时 20 元买了，现在 15 元当然更能买。所以，越跌越买是符合人性的做法。

◎ 解决方案

向下摊平与顺势交易法则，与在胜算大的地方下手的操盘术相抵触。故运用时千万要小心谨慎，否则终究会遇到毁灭性的灾难，这包括股票退市、公司倒闭、基金清算等。

向下摊平的操作手法在下列三种情况下，会是对的：

（1）如果是在上涨趋势的回调中，回撤整理完后再涨，这时累积的仓位，就会是对的。

（2）如果是在底部区，累积的仓位就会是对的。

（3）如果是在整理区间，行情就在交易区间里面振荡，遇压力就向下走，遇支撑就往上走，这时的向下摊平，也可能是对的。

但是若是遇到空头架构，在持续下跌的趋势中，做逆势加码的动作，最后一定会产生严重亏损，甚至赔光。这个时候，前面三种情况下累积的盈利，会不够最后这次的亏损。由于未来的行情不可知，故在操作策略中必须排除这种可能性。结论是：不要采用摊低成本的做法。

握有大量的亏损仓位，会严重影响操盘手的判断与情绪。真正的操盘高手，不会允许这类事情发生。

── 第六章 ──

情绪管理的守则

▶ 导读

这本书最困难的是在情绪管理与资金管理这两章，也是操盘心法的核心。这两个议题有两个重点：

1. 您去问超级操盘手从 20 万元到 10 亿元的过程中，最重要的操盘要素是什么，他会告诉您：情绪管理与资金管理。

2. 书店里的投资操盘书籍有九成以上，都是讲如何精准判断，精准掌握买卖点，但是不到一成的书在讲情绪管理与资金管理，因此就算是写作要搜集资料都很难。

本章操盘经典分为两节来说明，每一节提问的主题如下：

（一）洞悉人性以及情绪管理

操盘手如何避开经济新闻通过潜意识，与影响情绪造成偏见的情况？

为何操盘手落入情绪圈套后，终将赔钱收场？

为何股市的末端，总是发生在市场情绪极端的地方？

扭曲理智的人性，是如何影响操盘手在股市的正常思考？

为何操盘手发现趋势转变时，要脱离众人想法，并调整仓位？

操盘手要如何避开噪声的影响，并创造拥有独立思考的空间？

操盘手要如何在场外缩手不动，并避开频繁交易的陷阱？

您发现自己的意见经常错，却固执己见无法调整到对的位置吗？

为何主宰股市的重要因素是人类的情绪？

（二）情绪管理五部曲

为何了解个人特质并做好情绪管理才能赚到钱？

要如何保持身心处于巅峰状态，才能在股市赢得比赛？

操盘手要如何在每日生活中养成良好的思考习惯？

为何操盘手必须留意股市相关报道的来源，动机或效应？

为何操盘手应随时记笔记，并提防内线消息干扰？

▶操盘经典

人性弱点主导之下，散户在 30 元买进了股票之后的操作，如图 6-1：

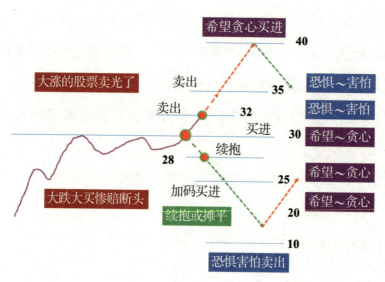

图6-1　人性中的希望和恐惧在实战操作过程中的影响

（1）上涨趋势：第二天，它很快地上涨到32美元或32.5美元。这时您害怕了，如果不立刻盈利了结、落袋为安，明天恐怕一切都将化为乌有，于是您卖出股票，带着那小小的一笔利润出场，而此时正是您应当享有人世间所有希望的时刻！为什么您要担心前一天还不存在的两美元利润呢？如果您一天就能赚2美元，那么隔一天您可能再赚2美元或3美元，下一周或许可能再赚5美元。只要这只股票表现正确，市场也正确表现，就不要急于实现盈利。您知道自己是对的，因为如果错了，您根本不会有利润。让利润自行发展吧，也许它终将成为一笔很可观的利润，只要市场的表现不会引起您担心，那就勇敢地坚持自己的信念，紧紧拿住股票。

（2）下跌趋势：第二天它跌到了 28 美元，账面上出现 2 美元的损失。您也许不会担心隔天这只股票可能继续下跌 3 美元或更多。是的，您毫不担心，您会认为这只是一时的反向波动，相信隔天它就会回到原来的价位。然而，这正是您应该担心的时候。在这 2 美元的损失之后，有可能雪上加霜，隔天再下跌 2 美元，在接下来的一周或半个月可能再下跌 5 或 10 美元。此时正是您应该害怕的时候，因为如果您没有止损出场，稍后您可能会被迫承受更大的损失。此时您应当卖出股票来保护自己，以免亏损越滚越大。

一、洞悉人性以及情绪管理

主力潜伏在您身边，通过新闻媒体，以种种手段将您玩弄于赶紧买或赶紧卖的情绪反应中。想识破隐形操纵、情感勒索、心理绑架等手法，关键在于克服自我人性。

◎ 操盘手如何避开经济新闻通过潜意识，与影响情绪造成偏见的情况？

经济新闻经常通过潜意识，影响您的情绪造成偏见。

太过看重经济新闻的一大问题是，它可能会在您心中植入"暗示"，而这些暗示可能会形成潜意识，并且危害您在股市情绪的健康，让您无法面对真实的世界。

◎ **解决方案**

一些暗示性的新闻，常常都非常符合逻辑，但这并不代表它们是对的，也不代表它们会影响市场行情。在下手尝试投机前，应当先弄明白自己的情绪极限，这是他给每一位来向他请教投机成功之道的人的建议。

◎ **为何操盘手落入情绪圈套后，终将赔钱收场？**

操盘手只要落入情绪圈套，总是赔钱收场。操盘手若无法克服人性，最后终将被迫离开市场。

没有纪律、没有清晰的策略和简要的计划，投机者会落入市场中的种种情绪圈套，从这只股票跳到另一只股票，久抱赔钱的仓位，太早卖出会赚钱的仓位，除了害怕手中的盈利失去外，再无其他的理由。贪婪、恐惧、没有耐心、无知和希望，全都争先恐后地想要主宰投机者的心。

在经过几次的失败与浩劫后，投机者很可能就此气馁、沮丧、失望，并且放弃了市场，以及市场应该会提供的致富机会。

◎ **解决方案**

制定自己的策略、纪律和经营市场的手段。利弗莫尔以先行者的身份提供建议，或许他可以成为您的导师，并且拯救您免于落入他曾陷入的圈套，但最终的决定仍旧掌握在您自己的手中。

◎ **为何股市的末端，总是发生在市场情绪极端的地方？**

市场情绪过度悲观下，极端情绪是反向操作时机。主宰股市的重要因素是人类的情绪，而非智慧分析或理智。

利弗莫尔非常幸运地看准了 1907 年的大崩盘，恰恰就在它崩盘的那一个小时，摩根先生派来一位特使，请他不要继续做空，令他受宠若惊，他也照做了。在他最辉煌的日子，他在一天之内就赚进了三百万美元。他也很幸运地在 1921 年经济衰退时期，在股市最低迷的阶段进场做多。

有成千上万的人参与股票市场，他们根据两种情绪在股市里做决定：希望与恐惧。希望通常是贪婪的产物，而恐惧则通常源自无知。主宰股市的重要因素，不是有智慧的分析或理智，而是人类的情绪。一旦了解了这一层，您便可向成功作手之路大大跨进一步。心中一旦有了这样的想法，股市操盘手必须看清眼前情况的背后意义并仔细分析。每个人基本上都接收同样的信息，有的人成功，而有的人失败，一切就看您如何诠释手上接收的信息。

◎ **解决方案**

对他而言，投资股市的股民们，好比一群群龙无首且等着上钩的鱼，当他们害怕会遭遇危险时，会非常迅速地随意出招。当一切看来凄风苦雨时，惊慌失措的气氛总是驱使他去做多。相反地，当一切看起来完美乐观时，他总想到也许该去做空了。他走在其他人之前，看到别人看不见的东西。

◎ **扭曲理智的人性，如何影响操盘手在股市的正常思考？**

希望、贪婪和恐惧全都在扭曲投资者的理智。

您必须持之以恒地控制自己的情绪，必须克服心中的恐惧。恐惧一辈子都活在人的躯壳之内，它像暴力般会在一瞬间出现，一次心跳、一次急促的呼吸、一眨眼、一个握拳、一声枪响。当它出现时，自然的求生本能将被唤醒，正常的理智就会被扭曲。平时理智的人在恐惧时，也会做出不合理的事。

失败的投资者总是拥抱着希望，但在股市里希望一路上都和贪婪及恐惧形影不离，且轮番上阵。一旦下手做交易，希望就会进入生命之中。怀抱希望是人的天性，正面思考而且期待好事会发生。希望是人类所具备的一项重要生存技巧，但是希望就像它的股市近亲，无知、贪婪和恐惧，全都在扭曲您的理智。

◎ **解决方案**

投资者在开始赔钱的时候，就会变得害怕，判断力也会减弱，这就是人类进化到这个阶段所具备的人性。我们不但不能否定人性，而且还必须了解人性，尤其是在股市操盘时。

股市里只有事实和理智，而且股市永远不会错，只有操盘手会出错。就像轮盘旋转的最后结果，由那颗小黑球决定，不是由贪婪、希望和恐惧决定。结果是客观的，而且它是最后的结果，不能改变。

◎ **为何操盘手发现趋势转变时，要脱离众人想法，并调整仓位？**

沿着最小阻力线操作，跟随趋势操盘。不要听信明牌影响判断情绪，为自己的错误负起责任。

一般大众需要别人来领导、接受指示，让他人告诉自己该怎么做。他们需要再三保证，他们总是一起行动，因为大众需要人类同伴所带来的安全感。他们害怕一个人，因为人类的信念是身在团体中比较安全，不要像牛犊一样独自站在狼群出没的荒郊野外。事实也正是如此，随着趋势移动，的确比较安全。利弗莫尔总是沿着最小阻力线操作，跟随趋势操盘，所以他在多数时间里是和群众一起行动的。当"趋势转变"开始发生的时候，也就是整体市场方向要改变的那个时候，才是最难掌握的部分。

◎ **解决方案**

他总是努力寻找趋势改变的蛛丝马迹，总是做好准备，随时要让自己脱离众人的集体想法，而往相反的方向走，因为他相信风水轮流转，就像人生有起有落。拿起电话扣下扳机买进或卖出实在很容易，问题是您要知道，在什么时间做什么样的事，并且虔诚地奉行自己的守则。

◎ 操盘手要如何避开噪声的影响，并创造拥有独立思考的空间？

避开群聚的干扰。最新明牌和小道消息会影响独立思考。

在一大群人聚在一起的大厅里，他的脑子里一片混乱。只要被他们影响，他的操作就会受到很大的影响，利弗莫尔认为应该安静地工作，并且自己做好决定。

他从来不愿意成为股市作手圈中的一员，特别是那些聚集在"号子"中的作手圈子。主要的理由是他必须维持思考的一贯性，他必须让自己有连续十五分钟以上的思考时间。群聚在号子中的那些人，日复一日所提供与股市相关的最新明牌和小道消息，只会令人分心，对他一点好处都没有。

◎ 解决方案

他从家前往办公室的途中，也确保自己不被打扰。他不是一个人默默地乘车前往办公室，就是在天气比较好时乘坐自己的船去，没有其他的乘客。如此一来，他可以读报，并规划一天的行程，他这么做是要避免和那些总是问起股市相关事情的人见面。这个话题总是自然而然地被提起，他只好被迫去听明牌、八卦和种种预言，这些东西必然会进入他的心理和潜意识，然后对他的判断造成影响。一个人乘坐交通工具，可以在不受打扰的情况下，思考要如何执行当天的计划。

◎ **操盘手要如何在场外缩手不动，并避开频繁交易的陷阱？**

频繁交易，注定失败。缩手不动，伺机再行动，才能成功。

一句格言：您可以赌赢一场赛马比赛，但您不会每一场都赢。操纵市场买卖亦然。投资或投机股票，有时候会赚钱，但您不可能一年到头每天或每周都赚钱。只有有勇无谋的人，才会想这样做，这是不可能发生，而且也没指望能成功的事。

正如其他许多投机者一样，他有许多次都无法耐心等到确认的情况，因为他想要每时每刻都能盈利。您也许会问："凭您的经验，怎会容许自己这么做呢？"答案在于他也是人，也有人性的弱点。正如所有投机者一样，让自己的缺乏耐心斗倒了良好判断力。

◎ **解决方案**

在证券和商品投机这个行业中，有些时候他们必须勇于投机，但某些时候则绝对不能投机。您我都有共同的弱点，想要每一局都赢，因此当然每一局都下去博手气。这种我们或多或少都拥有的脆弱人性，就是投资者或投机者的头号大敌。

◎ **您发现自己的意见经常错，却固执己见无法调整到对的位置？**

希望与恐惧同时存在时，您将无法快速调整到对的位置。一切都是市场说了算。

正如所有投机者一样，他让自己的缺乏耐心斗倒了良好判断力。投机酷似打牌，不管是桥牌或其他类似的玩法。我们都有共同的弱点，想要每一局都赢，结果就是每一局都下去博手气。人性的一大特点是，在感到希望无穷的同时，又觉得惊恐无比。当您同时将希望和恐惧都注入您的投机事业中时，灾难必然没完没了。您必因两者的相互混淆与立场错误而濒临绝境。

◎ 解决方案

投资者必须完全摒弃个人意见，将全部注意力投注在市场本身的表现上。市场永远不会错，个人意见则常常都是错的。除非市场的表现与您的想法相符合，否则个人的意见完全没有价值。

◎ 为何主宰股市的重要因素是人类的情绪？

散户遭遇危险时容易情绪失控，经常用希望与恐惧进行交易。

对利弗莫尔而言，投资股市的股民们好比一批群龙无首，且等着上钩的鱼，当他们害怕会遭遇危险时，会非常迅速地随意出招。有成千上万的人参与股票市场，他们根据两种情绪在股市里作决定，"希望与恐惧"。希望通常是贪婪的产物，而恐惧则通常源自无知。主宰股市的重要因素不是有智慧的分析或理智，而是人类的情绪。

◎ 解决方案

一旦了解了主宰股市的重要因素是人类的情绪的这一层之后，

您便可向成功操盘手之路大大跨进一步。心中一旦有了这样的想法，股市操盘手必须看清眼前情况的背后意义，然后仔细分析，谨记每个人基本上都接收同样的信息，有的人成功而有的人失败，一切就看您如何诠释手上收到的信息。

二、情绪管理五部曲

从养成优良的习惯，到成为优秀的操盘手，这是毕生的努力目标。

如何快速做出改变，达到高效率成长的结果，这是操盘绩效的目标。

拒绝假消息，拒绝空想，努力去管理人性，努力去检讨，这是操盘手的人生。

◎ 为何了解个人特质并做好情绪管理才能赚到钱？

操盘含有主观的艺术成分。操盘手应找出自己可忍受的压力程度。

在股市里显露身手是带有一些艺术成分的，可不是仅凭借理智而已。如果单纯依靠理智，一定早就让人给破解了。利弗莫尔认为，每一个投机者都必须分析自己的情绪，找出自己可以忍受的压力程度。每一位投机者都不同，每个人的心理状态都是独一无二的，每个人的个性也不同。

◎ **解决方案**

在尝试投机前应当先弄明白自己的情绪极限，这是他给每一位来向他请教成功之道的人的建议。如果因为手中的股票仓位在夜里睡不着觉，这代表已超出您自己的忍受范围。这时，您应该将手中的仓位降低到让自己睡得着的程度。

◎ **要如何保持身心处于巅峰状态，才能在股市中获胜？**

根据利弗莫尔的观察，想要成为成功的股票操盘手，没有比大清晨更好的时光了。屋子里静悄悄的，没有人或事让您分心，而且经过一夜休息后心灵也重新充好电了。

利弗莫尔是一个高度自律的人。平常工作日，每晚十点就寝，早上六点起床。起床后第一个小时，他不要有任何人出现在身边。他住在长岛寓所时，服务人员会训练有素地将咖啡、果汁和报纸放在充满光线房间的餐桌上，包括欧洲和芝加哥日报。他终其一生都习惯性地大量阅读，他利用早上起床后的一两个小时来计划自己的一天。

他发现自己一辈子在这段时间的独处和纯粹工作，让他感受到真正的喜悦，因为他相信自己在追求着更大的挑战，不是只在享乐或交际应酬而已。他要在股市的工作中追求极致，它带给他真正的快乐和满足。

◎ **解决方案**

好的股票操盘手和训练有素的职业运动选手，没什么不同。如果他们想继续维持巅峰状态，就必须让生活中的生理状态与心理状态处于完美状态。身与心必须调和，因为没有任何一个战场比股市更紧张与刺激。

◎ **操盘手要如何在每日生活中养成良好的思考习惯？**

不要妄想一夜致富，必须将投机当事业来看待才会成功。检查自己过去所做的记录，有助于验证自己的想法。

生意人在新店开张时，不会期待第一年的投资就回本超过25%。但是对进入投机这一行的人而言，25% 实在不够看，他们要的是100%。然而，他们的期待是错误的，他们没有将投机当事业来看待，也没有运用经营事业的原则从事投机。

利弗莫尔时常躺在床上准备就寝时，脑海里却还不断地想着，为什么他无法预见某一个立即会出现的走势变动。次日凌晨天还未亮，他已醒来，心中有了一个新的想法，他等不及黎明的到来，好让他能着手检查自己对过去走势所做的记录，以确定他的新方法是否真的有价值。

◎ **解决方案**

在多数情况下，这些新想法都绝非百分之百正确，但是好处在于这些新想法都储存在他的潜意识之中。也许，稍后又会有另一个新想法形成，就可以立刻加以检查验证。时候一到，这些各式各样的想法就会开始清晰具体，因而他发展出一套做记录的方法，利用这些记录来指导他。

◎ 为何操盘手必须留意股市相关报道的来源，动机或效应？

从报纸上找出一些不起眼的小线索，仔细研究并找出背后含义。研究新闻背后的道理，并观察实际的后续发展。

头条新闻是给傻瓜看的，好的投机者需要看的是报道背后的东西，并且观察它们实际的后续发展。通常那些充满误导性的报道，是有些人或经纪商按既定日程偷偷释放出来的，他们要不就是利用好消息卖出股票，要不就是希望在往前冲时一路倒货，并吸引大众继续买入这只股票。

很不幸，许多人仅阅读标题就投资股市，并且轻易相信自己所看到的东西。但是这里面有太多的陷阱、诡计和危险。

◎ 解决方案

他绝不是只读头条新闻而已，他看得很仔细，寻找可以提供他重要线索的小新闻，特别是有关产业或个股，由衰转盛或由盛转衰的报道。他观察到，您在报纸上看到的东西，不过就是一只股票的明牌，因此必须留意股市相关报道的来源，动机或效应，否则也会变成傻瓜。就像将军执行作战计划一样，在股市里同样没有犯错和懒惰的空间。

◎ 为何操盘手应随时记笔记，并提防内线消息干扰？

投机是一门非常专业的学问，不能视之为副业。随身携带一本小册子，记录一些市场信息和个人心得。

绝大多数的人都在见招拆招碰运气，并且还为此付出高昂的代价。即便是知识分子、专业人士和退休人员，也都将投机视为副业，没给它太多关注。除非他们的经纪人或营业员给他们报明牌，否则不会买卖股票。

每天都有成千成万的人在从事投机，但其中只有极少数的人愿意为投机奉献全部的时间和精力。他教您随身携带一本小册子，记下一些有趣的市场信息：一些未来也许用得上的想法，一些值得一再咀嚼的观念，一些您对价格变动的个人心得。

◎ **解决方案**

利弗莫尔向来建议有志于股市的人，随身携带一本小笔记本，可以记录有趣的一般市场信息，或者可以就此开发出自己的股市交易策略。他总是建议他们，小笔记本第一则要写下来的东西就是：提防内线消息，所有的内线消息。

▶ **A 股案例**

有关"恐惧与害怕""希望和贪心"的详细说明，请参考前面"操盘经典"案例。

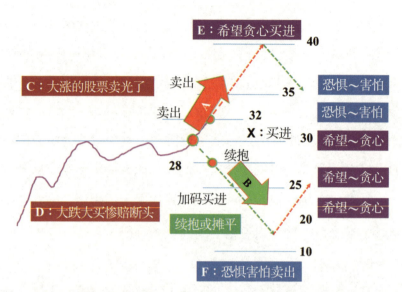

图6-2　前面"操盘经典"案例，标注英文符号说明人性影响操盘

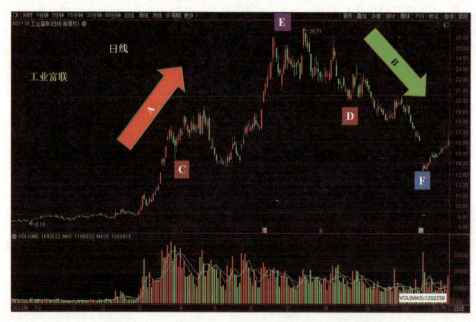

图6-3　运用图6-2标示，说明工业富联长多长空的趋势

▶ 操盘心法总结

利弗莫尔亲手写的《股票大作手操盘术》，第一章开头就讲四种人不能玩投机游戏。整本书以人性问题是投机失败的罪魁祸首起始。四种人注定投机失败：（1）愚蠢的人；（2）懒得动脑的人；（3）情绪管理不佳的人；（4）妄想一夜致富的人。操盘赚钱最困难的地方在于无法克服个人的人性问题。

为什么这四种人不能玩?

投资市场是违反人性的市场，一般正常人的逻辑与人性问题将带来毁灭性的财务灾难。这四种人就是一般正常的人。主力大咖运用大众媒体或公开的平台演出一出戏，形成市场的一些涨跌现象，顺利完成吃货与出货，进而达到暴利落袋等目的。投资市场是他们的表演平台，股票走势是他们进出货的轨迹。他们虽然演得跟真的一样，但总是有破绽。这也许可以从筹码面发现，也许用简单的逻辑推敲就能看穿，但也可能因为主力大咖的资金实力强大，运用媒体制造利多利空，撼动市场，搞得您头昏眼花，看不清市场的方向，以至于做多做空都失败。

有关于情绪管理讲得白话一点，就是操盘时的人性弱点或人性问题管理。在《股票大作手回忆录》的书中，自始至终看似描述的故事，都是在讲两件事情：

（1）因为各式各样不同的人性问题导致赔钱收场。

（2）人性导致了操盘失败，人性是操盘赔钱的主因。

在人性问题导致操盘失败，又分成两种人性问题：

（1）自己掉入自己的人性问题。

（2）别人陷害或利用自己产生人性问题。

《股票大作手操盘术》这本书的第一段说的四种操盘失败的人，其实是谈人性问题导致操盘失败。如果您原本就属于这四种人，解决之道在于通过利弗莫尔相关系列书籍与课程学习投资逻辑，进场出场关键点技巧，搭配良好的资金管理、情绪管理、人性管理与投资策略，最后必然能让操盘中每一笔交易都正确，那么在股市里获得合理报酬的情形，就会不断发生了。

《股票大作手回忆录讲解：全译注释版》

一本书讲透"投机之王"的交易圣经和五起五落的心路历程

齐克用先生以图文、视频详细解读，剖析了利弗莫尔的财富密码

书号：978-7-203-11866-4
定价：98.00 元

《股票大作手操盘术：全译注解版》

"股神"巴菲特力荐的股市赢利教科书，成功来自传承

交易大师利弗莫尔倾囊相授动态操盘术，齐克用精心解读

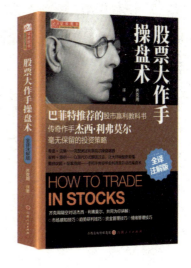

书号：978-7-203-13285-1
定价：68.00 元

《股票大作手回忆录》
（舵手精译版）

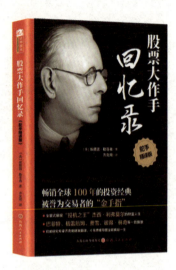

畅销全球 100 年的投资经典，华尔街人手一册

全景式展现"投机之王"杰西·利弗莫尔的财富人生

书号：978-7-203-13379-7

定价：49.80 元

《股票大作手操盘术》
（舵手精译版）

杰西·利弗莫尔唯一亲笔撰写，原版呈现大师跨越时空的操盘法则和实战秘籍

齐克用老师精心翻译，总结主流股动态操盘术和关键点进出技巧

书号：978-7-203-13360-5

定价：48.00 元